COLLECTION

Marie-Pierre ATTARD-LEGRAND
P.E.M.F.

•

Pierre CHAULET
P.E.M.F.

•

Dominique DELOMIER
Maître de conférences en linguistique

•

Valérie DRÉVILLON
Professeur d'I.U.F.M.

•

Jean-Paul LARUE
P.E.M.F.

•

Avec, pour la production d'écrits, la collaboration de :
Jacqueline MASSONNET
I.E.N.

AVANT-PROPOS

Le cahier 1 de la collection Grindelire couvre les périodes 1, 2 et 3 du manuel. Il suit la progression de ce dernier. L'étude du code est volontairement regroupée en fin de chaque période, laissant ainsi toute latitude d'utilisation. Elle est présentée par Grindelire, le lutin malin. La structure d'une page reste toujours la même.

Les consignes sont volontairement répétitives au début pour sécuriser l'enfant et commencent à varier quand il risquerait de se lasser (fin période 1).

Les logos aident les enfants à visualiser le type d'exercices.

Les exercices 1, 3 et 5 des pages sur le sens sont à faire en priorité, les 2 et 4 en supplément permettent de différencier l'enseignement.

Chaque période du cahier correspondant à une période du manuel est organisée de la manière suivante :

> **SOMMAIRE**
>
> C'est la rentrée : p. 3
> Période 1 : p. 7
> Période 2 : p. 29
> Période 3 : p. 54

- **des pages sur le sens :**
  1 : exercice sur le texte
  2 : exercice sur la phrase
  3 : exercice sur le fonctionnement de la langue
  4 : exercice de réinvestissement
  5 : exercice de production d'écrit

- **des pages sur le code :**
  1 : exercice de discrimination auditive
  2 : exercice de discrimination visuelle
  3 : exercice de synthèse (aud. + vis.)
  4 : exercice d'écriture
  5 : dictée (à partir de la période 3)

- **2 pages d'activités sur les textes fonctionnels**

- **1 page de révisions jeux**

- **1 double-page de projet d'écriture**, démarche développée dans le cahier d'écriture.

  1 page d'étiquettes à découper pour faciliter le travail de production d'écrit en début d'année.
  1 double-page d'étiquettes cartonnées pour utilisation en classe.

Conception couverture : Killiwatch
Conception de la maquette : Marc & Yvette
Illustrations : Annaïck Caraës - Françoise Naudinat
Calligraphie : Nicole Vilette
Réalisation : PFC-Préface Dole
Fabrication : Patricia Poinsard
Édition : Claire Delbard

© Bordas/HER, Paris, 1999
ISBN 2-04-728958-0

Toute représentation ou reproduction, intégrale ou partielle, faite sans le consentement de l'auteur, ou de ses ayants droit, ou ayants cause, est illicite (article L. 122-4 du Code de la Propriété Intellectuelle). Cette représentation ou reproduction, par quelque procédé que ce soit, constituerait une contrefaçon sanctionnée par l'article L. 335-2 du Code de la Propriété Intellectuelle. Le Code de la Propriété Intellectuelle n'autorise, aux termes de l'article L. 122-5, que les copies ou reproductions strictement réservées à l'usage privé du copiste et non destinées à une utilisation collective d'une part et, d'autre part, que les analyses et les courtes citations dans un but d'exemple et d'illustration.

C'EST LA RENTRÉE !

 Colle la liste des prénoms des enfants de ta classe et le nom de ta maîtresse ou de ton maître.

Bienvenue dans la classe de Grindelire

m m		n n	
l l		o o	
k k		p p	
j j		q q	
i i		r r	
h h		s s	
g g		t t	
f f		u u	
e e		v v	
d d		w w	
c c		x x	
b b		y y	
a a		z z	

 **Entoure ton prénom en rouge, celui de tes amis en bleu et le nom de ton maître ou de ta maîtresse en vert.**

.3.

Voir manuel pages 6 et 7.

Aujourd'hui,
c'est la rentrée.
Je suis à la grande école.

 Qui est Grindelire ? Colorie-le.

 Colorie ce que fait Grindelire aujourd'hui.

 Entoure tout ce que dit Grindelire dans le texte.

| Aujourd'hui, | souvent | Je suis | je me promène |

| c'est la rentrée. | avec mon chien |

| à la grande école. |

4

Voir manuel pages 6 et 7.

 4 Et toi quel est ton prénom ?   Dessine-toi.

Je m'appelle :   *C'est moi !*

 5 Quel jour sommes-nous ?
Colorie le jour et trace le chemin de la semaine.

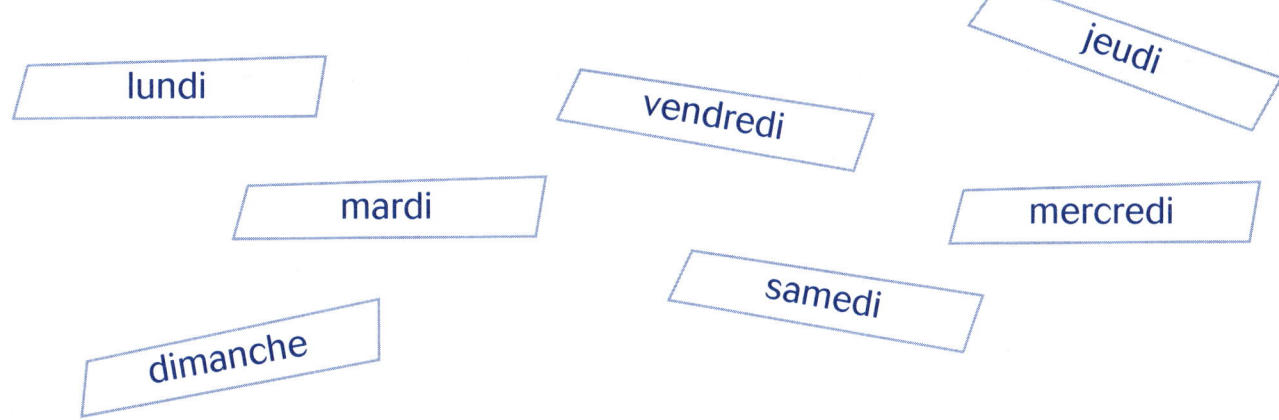

 6 Écris un ou plusieurs jours de la semaine.

Voir manuel pages 6 et 7.

 **1** Grindelire a mélangé les étiquettes. Remets-les dans l'ordre en traçant le chemin.

Je suis   c'est la rentrée.

à la grande école.

Aujourd'hui,

 2 Entoure chaque mot d'une couleur différente.

Je suis à la grande école.

 3 Relie les groupes de mots qui se lisent de la même façon.

c'est la rentrée. •   • Aujourd'hui,

Je suis •   • c'est la rentrée.

Aujourd'hui, •   • à la grande école.

à la grande école. •   • Je suis

 4 Dessine-toi avec un ami.   Écris son prénom.

6

Période 1

Voir manuel page 9.

 Écris le nom de l'auteur à l'endroit qui convient.

 Colorie le titre.

 Entoure le lièvre et la tortue dans le dessin.

 Qui est l'éditeur ? Entoure son nom.

Voir manuel pages 10 et 11.

> Le lièvre et la tortue
> sont de très bons amis.

 1 Colorie le dessin qui correspond au texte.

 2 Numérote les étiquettes dans l'ordre de la phrase.

.... | et la tortue   .... | sont   .... | Le lièvre   .... | de très bons amis.

3 Complète avec *le, la,* ou *les*.

_____ tortue   _____ chat   _____ lit   _____ voitures

 4 Relie les mots à leur dessin.

•   •   •

•   •   •

le lièvre   la tortue   la grande école

 5 Fabrique une phrase avec les étiquettes de la page 79.

8

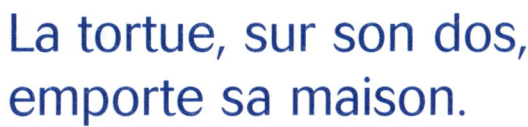

Voir manuel pages 12 et 13.

La tortue, sur son dos, emporte sa maison.

 1 Colorie le dessin qui correspond au texte.

 **2** Numérote les étiquettes dans l'ordre de la phrase.

.... emporte sa maison.   .... sur son dos, ... La tortue,

 **3** Complète avec *il* ou *elle*.

La tortue emporte sa maison :   **Un escargot** emporte sa maison :

_____ *emporte sa maison.*   _____ *emporte sa maison.*

 4 Relie les phrases à leur dessin.

C'est la maison.

C'est la tortue.

C'est son dos.

 **5** Fabrique une phrase avec les étiquettes de la page 79.

Voir manuel pages 14 et 15.

« Moi aussi, j'ai un dos, dit le lièvre.
Allons, je veux une maison. »

 1 Colorie le dessin qui correspond au texte.

 **2** Numérote les étiquettes dans l'ordre de la phrase.

| .... dit le lièvre. | .... j'ai un dos, » | .... « Moi aussi, |

3 Complète avec *un* ou *une*.

   _____ livre   _____ voiture   _____ gâteau   _____ valise

 4 Relie à vrai ou faux.

La tortue dit : « Je veux une maison ».

Le lièvre dit : « Je veux une école ».   •   • vrai

Le lièvre dit : « Moi aussi, j'ai un dos ».   •   • faux

Le lièvre et la tortue sont de très bons amis.

 **5** Fabrique une phrase avec les étiquettes de la page 79.

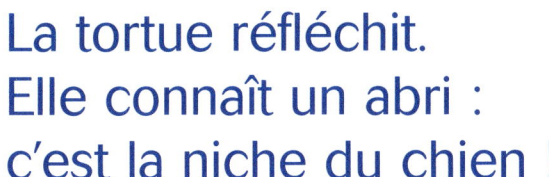

Voir manuel pages 16 et 17.

La tortue réfléchit.
Elle connaît un abri :
c'est la niche du chien !

1 Colorie le dessin qui correspond au texte.

2 Numérote les étiquettes dans l'ordre de la phrase.

.... la niche   .... C'est   .... du chien !

3 Complète avec *un, une* ou *des*.

_____ chat   _____ livres   _____ poupée   _____ chaises

4 Relie à vrai ou faux .

Le lièvre est sur le dos de la tortue.

La maison est sur le dos du lièvre.   vrai

    faux

La tortue connaît un abri.

5 Fabrique une phrase avec les étiquettes de la page 79.

11

Voir manuel pages 18 et 19.

> « Oh ! Comme elle est jolie !
> Comme elle te va bien ! »
> dit la tortue à son ami.

1 Colorie le dessin qui correspond au texte.

2 Numérote les étiquettes dans l'ordre de la phrase.

| .... Comme | .... dit la tortue. | .... « Oh ! | .... elle est jolie ! » |

3 Complète les phrases avec : *la tortue - le lièvre* ou *le chien*.

« Oh ! » dit _____   « Oh ! » dit _____
à son ami _____.   à son ami _____.

4 Relie le personnage à ce qu'il dit.

- « Moi aussi, j'ai un dos. »

la tortue •   • « Comme elle te va bien ! »

le lièvre •   • « Je veux une maison. »

- « Comme elle est jolie ! »

5 Fabrique le texte de ta B.D. avec les étiquettes de la page 79.

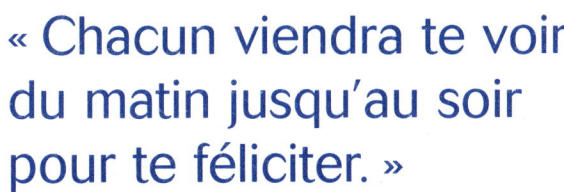

Voir manuel pages 20 et 21.

« Chacun viendra te voir
du matin jusqu'au soir
pour te féliciter. »

1 Colorie le dessin qui correspond au texte.

2 Numérote les étiquettes dans l'ordre de la phrase.

| .... Chacun | .... jusqu'au soir. | .... du matin | .... viendra te voir |

3 Complète les phrases avec les groupes de mots qui conviennent.

La tortue _____ viendra te voir.
Les tortues _____ viendra te voir.
Le lièvre _____ viendra te voir.
Le chien

4 Relie la phrase au groupe de mots qui convient.

Elle emporte sa maison. •   • le chien

Il dit : « Je veux une maison ». •   • la tortue

Il a une niche. •   • le lièvre

5 Fabrique la phrase en séparant les mots.

Chacunviendratevoir.

.13.

Voir manuel pages 22 et 23.

« Il peut neiger, pleuvoir,
faire jour, faire nuit,
c'est le plus bel abri du monde. »

1 Colorie le dessin qui correspond au texte.

2 Numérote les étiquettes dans l'ordre de la phrase.

| .... du monde. | .... C'est | .... le plus bel abri |

3  Complète avec : *le plus* ou *la plus*.

C'est la maison ———— grande. | C'est le lièvre ———— grand.

4 À quelle phrase correspond le dessin ? Relie.

C'est le soir, le lièvre emporte la tortue sur son dos. •

« Je suis sur la niche », dit le lièvre. •   •

Le lièvre dit : « Je suis à l'école. » •

5 Fabrique un nouveau texte avec les étiquettes cartonnées.

Voir manuel pages 24 et 25.

> Hélas, le chien revient.
> Il crie : « Ma maison ! »
> Et il griffe et il gronde !

1 Colorie le dessin qui correspond au texte.

2 Complète les phrases avec : le - il - et.

Hélas _____ chien revient,
_____ crie : « Ma maison ! »
_____ griffe _____ gronde !

3 Écris deux phrases en utilisant les mots des étiquettes.

| et | revient | la tortue | réfléchit |

_____

| crie | elle | et | gronde | elle |

_____

4 Relie à | vrai | ou | faux |.

- La tortue griffe et gronde.
- La tortue emporte sa maison sur son dos.
- Le chien et le lièvre sont de très bons amis.

• vrai
• faux

5 Fabrique ta B.D. avec les bulles de la page 79.

15

Voir manuel pages 26 et 27.

Le lièvre s'est enfui.
Depuis, il court le monde
sous le soleil ou sous la pluie.

1. Colorie le dessin qui correspond au texte.

2. Complète les phrases avec : sur ou sous.

Il est _____ la chaise. Il est _____ la niche. Il est _____ le mur

3. Complète la phrase en t'aidant du dessin :

une niche   une maison

« Je veux _____ ou _____ . »

4. Devinettes.

Il court le monde. •   • la tortue
Elle réfléchit.   •
Il s'est enfui.   •   • le lièvre

5. Fabrique une phrase en utilisant les mots proposés.

| court le monde | il | du matin | sous le soleil |
| jusqu'au soir | ou | sous la pluie |

16

Voir manuel pages 28 et 29.

> Elle n'a plus de sanglots,
> la tortue Rosemonde.
> Trois petits escargots
> sont ses nouveaux amis.

1 Colorie le dessin qui correspond au texte.

2 Complète les phrases avec les mots qui conviennent.

Rosemonde est _____

Rosemonde a _____

un lièvre
une tortue
une niche
une maison

3 Écris le titre de chaque dessin : *un lièvre, trois tortues, une tortue.*

_____   _____   _____

4 Relie chaque mot aux numéros de pages où il se trouve.

tortue	•	•	page 16
abri	•	•	page 14
maison	•	•	page 18
amis	•	•	page 12
niche	•	•	page 10

5 Fabrique le résumé de l'histoire avec les étiquettes de la page 79.

1 Colorie les dessins quand tu entends le son [a]

2 Entoure les lettres : A   a a $\mathcal{A}$.

A a b p a $\mathcal{A}$ d a $\mathcal{A}$ V N d A a q a b a A V A d d $\mathcal{A}$ a

carotte LA dos $\mathit{lièvre}$ MAISON $\mathit{chocolat}$ chat SUR sa amis

3 Aide Grindelire à ranger les mots dans leur panier.

   la / grande / amis

4 Écris comme le modèle.

a

un chat

5 Écris un prénom avec un a.

18

[y]
Voir manuel page 32.

1 Colorie les dessins quand tu entends le son [y]

2 Entoure les lettres : u U u U.

U n u U n u U v a v u f v U U u n b u

tortue   grande   SUR   suis   aujourd'hui   domino   TORTUE

SON   école   AUSSI   un   maison   rentrée   école

3 Aide Grindelire à ranger les mots dans leur panier.

tortue
aussi
sur

4 Écris comme le modèle.

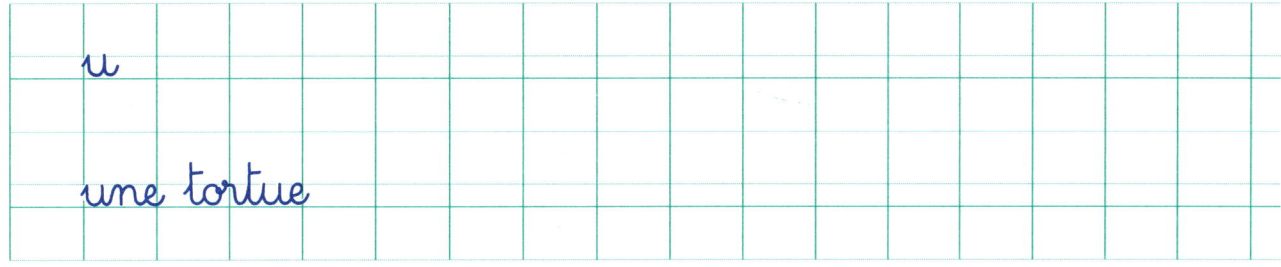

5 Écris un prénom avec la lettre u.

19

 [i]
Voir manuel page 33.

1 Colorie les dessins quand tu entends le son [i]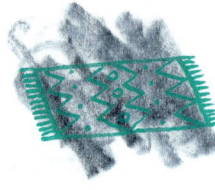

2 Entoure les lettres : y y y.

a h i o p T l y j k i y y j c i Y X j m r g y I L I i l i

puis les lettres : i I i.

abri je LIÈVRE suis LA très amis crayon grande aujourd'hui

3 Aide Grindelire à ranger les mots dans leur panier.

niche
moi
aussi
maison
dit

4 Écris comme le modèle.

i

un nid

20

[l]
Voir manuel page 34.

1 Colorie les dessins quand tu entends le son [l]

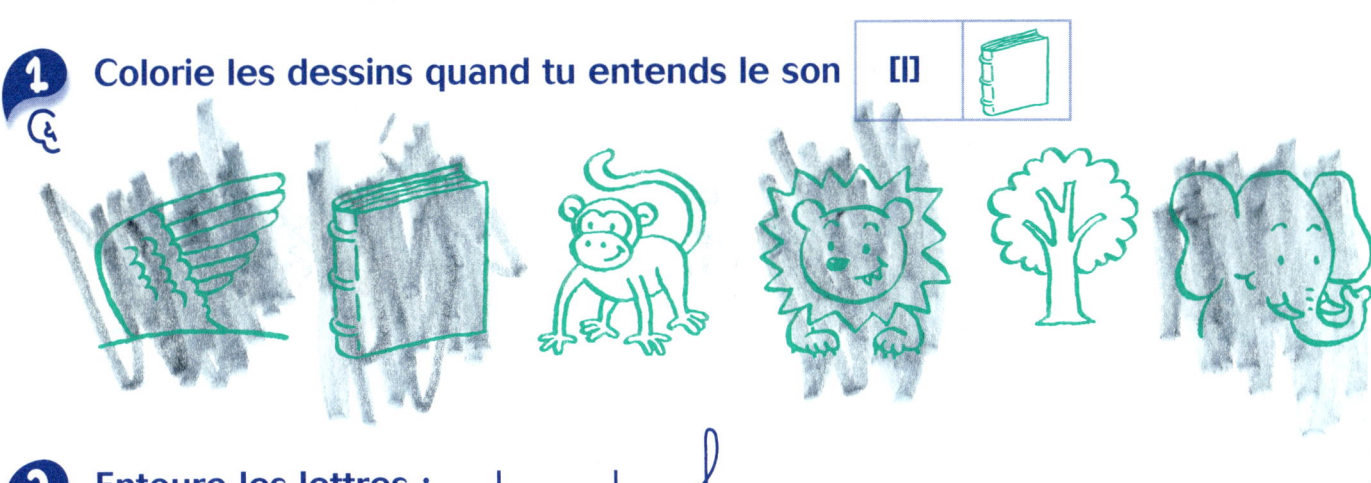

2 Entoure les lettres : L   l   l.

h   f   (l)   b   l   u   l   i   b   T   L   d   l   l   L   l   D   T   u   v   r

LA   école   *lièvre*   maison   ELLE   réfléchit   le   LION   lune

allons   niche   *jolie*   oh   ABRI   LES   la   CHOCOLAT   LE

3 Complète les mots avec : li, la, lu.

la___ne   la tire___re   le ___t   la sa___de   le choco___t

4 Écris comme le modèle.

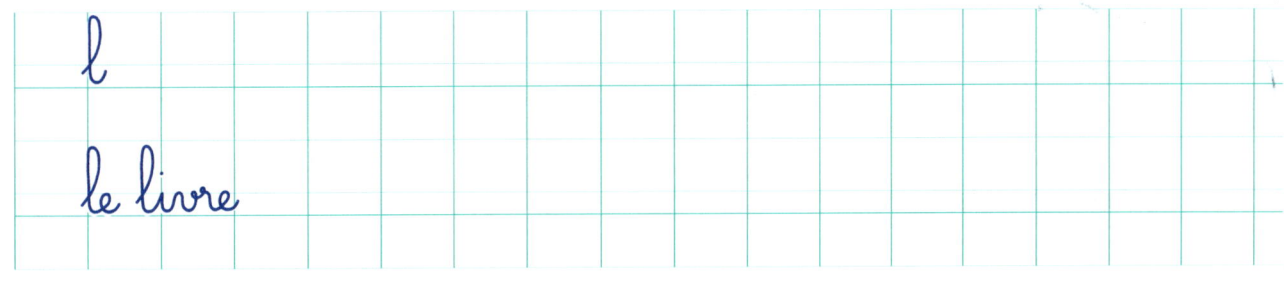

21

[m]
Voir manuel page 35.

1 Colorie les dessins quand tu entends le son [m]

2 Entoure les lettres : M m 𝓂.

m e l H u M N t n m w n u u

un homme   NID   le matin   le raisin   maison   MUR   moto

pomme   avion   MAMAN   mur   DOMINO   maman   FROMAGE   mer

3 Complète les mots avec : mi, ma, mu.

un ___rin   le ___cro   la che___née   le ___guet

4 Écris comme le modèle.

m

la maison

22

[r]
Voir manuel page 36.

1. Colorie les dessins quand tu entends le son [r] 🌹

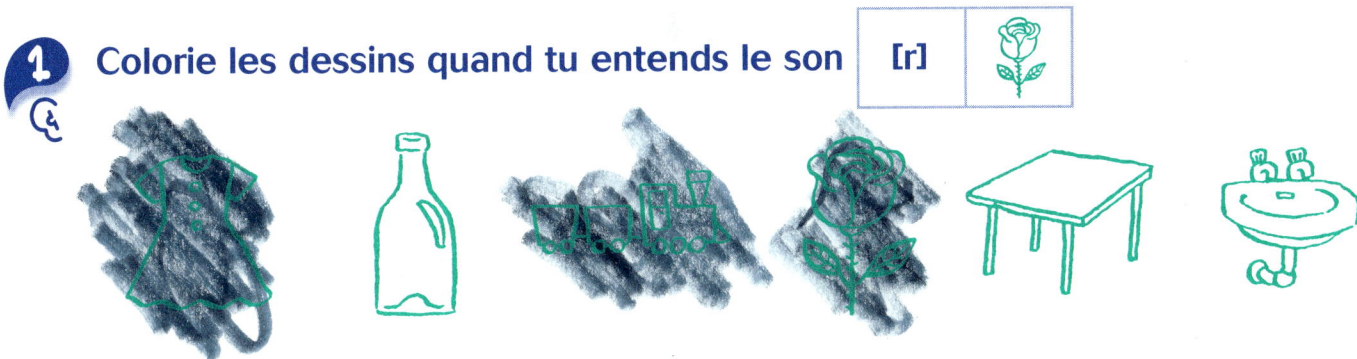

2. Entoure les lettres : R r.

La tortue Rosemonde emporte sur son dos trois petits escargots.

3. Complète les mots du tableau en suivant le sens de la flèche.

4. Écris comme le modèle.

La carte météo

Voir manuel page 38.

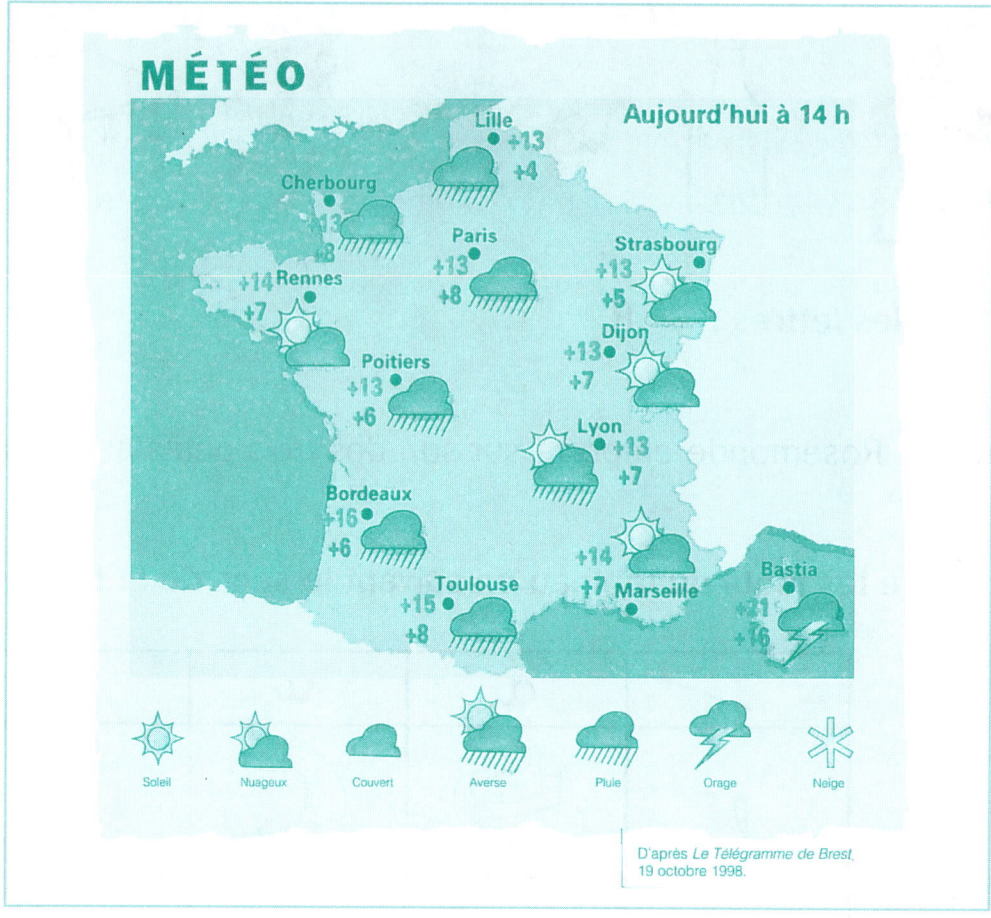

1 Entoure le titre du document. Colorie les légendes.
Quel temps fait-il d'après la carte, à Cherbourg ?
Dessine dans le cadre le temps qu'il fait à :

Marseille :

Strasbourg :

Bordeaux :

2 Écris le nom d'une ville où :

il pleut : _____

c'est nuageux : _____

il y a de l'orage : _____

Voir manuel page 39.

Escargot petit-gris

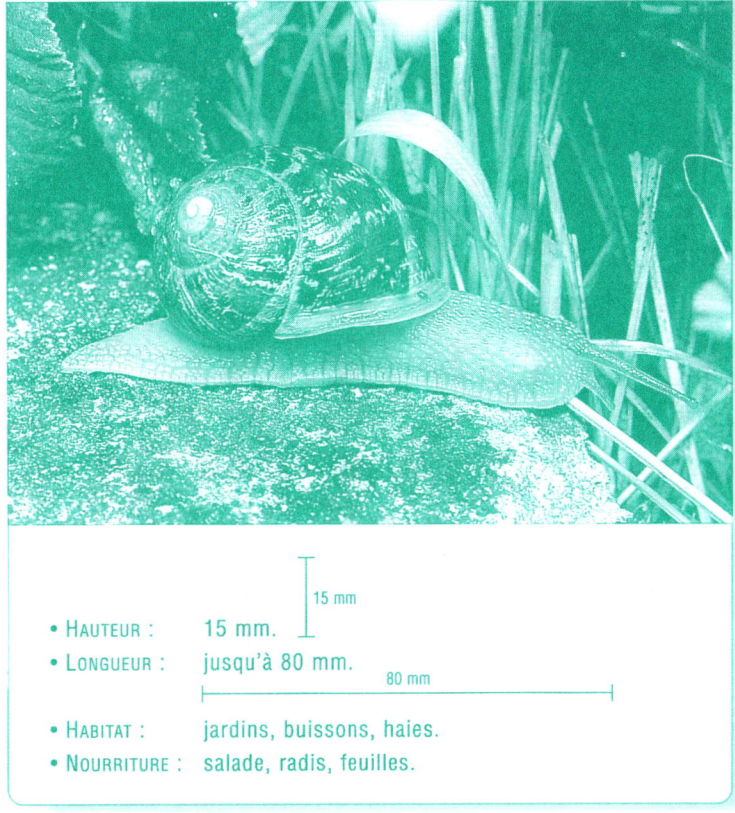

- HAUTEUR : 15 mm. (15 mm)
- LONGUEUR : jusqu'à 80 mm. (80 mm)
- HABITAT : jardins, buissons, haies.
- NOURRITURE : salade, radis, feuilles.

1 Colorie tous les animaux qui ont le même habitat que l'escargot.

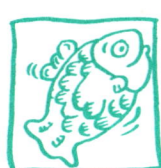

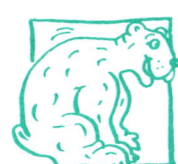

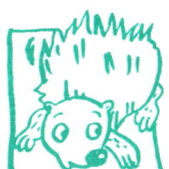

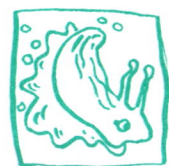

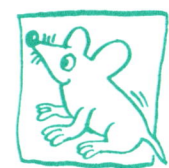

2 Souligne en haut, sur la fiche, la nourriture de l'escargot petit-gris.
Colorie ci-dessous ce que l'escargot peut manger :

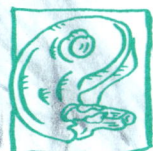

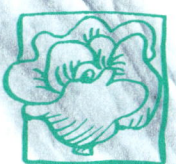

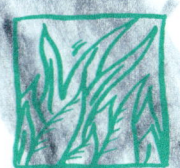

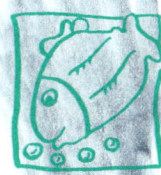

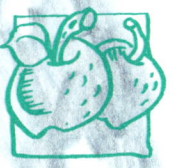

3 Numérote les animaux, du plus lent au plus rapide :

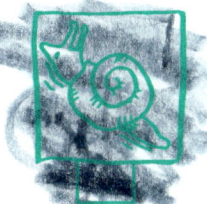

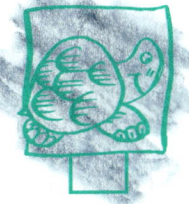

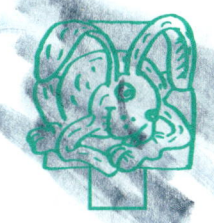

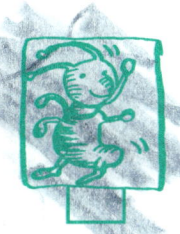

PROJET

Crée ta comptine

Observe

Les trois classes

Dans la classe
De Monsieur Leblond,
On élève des tritons.

Dans la classe
De Madame Levert,
On élève des hamsters.

Dans la classe
De Mademoiselle Legris,
On élève des souris.

Dans son bureau
La directrice, elle,
Élève plein d'écrevisses.

Comptines pour la rentrée des classes,
Corinne Albaut, © éd. Actes Sud Junior.

Réfléchis

Dans la classe
De Monsieur Leblond,
On élève des tritons.

- Quel est le son qui se répète ?
- Trouve d'autres animaux.

Dans la classe
De Mademoiselle Legris,
On élève des souris.

- Et chez Mademoiselle Legris qu'élève-t-on ?
- Quel est le son qui se répète ?
- Trouve d'autres animaux.

Notre projet

- Écrire une comptine sur le modèle : « Les trois classes »

D'ÉCRITURE

Voir manuel page 41.

La boîte à idées

la pie  — la fourmi  — le panda  — des oursons

des cerfs  — un chat  — des étoiles de mer  — madame

des moutons  — des vers de terre

• Tu peux utiliser la boîte à idées et la compléter.

Écris ta comptine

Dans la classe
De Monsieur Leblond,
On élève des _____

Dans la classe
De Madame Levert,
On élève des _____

Dans la classe
De _____
On élève des _____

• Illustre ta comptine.

• Lis ta comptine à tes amis. Entendent-ils les rimes ?

Révisions • jeux

1 Le lièvre veut courir le monde. Aide-le à sortir du bois !

2 Retrouve les mots du texte dans la grille. Colorie les cases.

LA
TORTUE
SUR
SON
DOS
EMPORTE
SA
MAISON

U	S	T	V	A	I	T	V	L
T	O	R	T	U	E	I	S	A
S	N	P	A	F	D	O	R	I
U	T	E	M	P	O	R	T	E
R	B	M	A	I	S	O	N	X

3 Trouve les 7 erreurs qui se sont glissées dans le deuxième dessin.

4 Colorie.
(a = bleu ; u = vert ; i = rouge.)

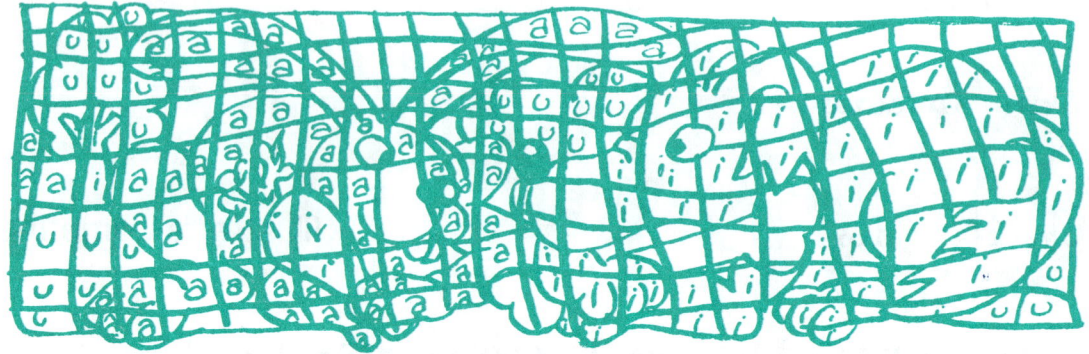

28

Période 2

Voir manuel pages 44 et 45.

Date : ....

1 Colorie le dessin qui correspond au texte.

2 Entoure le prénom des deux enfants de l'histoire puis complète la phrase.

Alix - Léna - Alex - Léo - Léa - Aline - Alain.

_____ et _____ partent en train pour Londres.

3 Complète la phrase avec le mot qui convient : ravis - petits - bons.

Ils sont _____   Ils sont _____   Ils sont _____

4 Complète par vrai ou faux en fonction du dessin.

Les escargots partent en train. ....

C'est le jour. ....

Léa et Alex sont avec les escargots. ....

5 Sépare les mots par un trait. Écris la phrase.

IlspartententrainpourLondres.

29

Voir manuel pages 46 et 47.

Date : ....

 Entoure les groupes de mots du texte.

Londres est la capitale de → la France.
→ l'Italie.
→ l'Angleterre.

Pour y aller, on va passer sous → la lune.
→ la montagne.
→ la mer.

 Colorie les étiquettes de la phrase.

Londres est la capitale de l'Angleterre.

| monde | Londres | du | le | capitale | est |

| la | Angleterre. | l' | de |

 Entoure les mots qui s'écrivent toujours avec une majuscule.

Ce matin, Léa, Alex et Rosemonde sont ravis.

Ils partent pour Londres, la capitale de l'Angleterre.

 Illustre la phrase : Alex court sous la pluie pour aller à la mer.

 Complète la bulle.
★★☆

Léa dit :
« Londres est en Angleterre… »

Voir manuel pages 48 et 49.

Date : ....

1 Entoure les phrases du texte.

Alex ouvre ses petits yeux noirs.
Chouette ! On va voir des tortues de mer.
Léa hausse les épaules.
Alex tire la langue à sa sœur.
Léa est vexée.
Alex ne tire pas la langue à sa sœur.

2 Colorie les deux phrases qui ont le même sens.

Alex tire la langue à Léa.   Alex tire la langue à sa maman.

Alex tire la langue à sa sœur.

3 Complète les phrases avec les mots suivants :

grands - petits - bleus - noirs - jolis.

Mon ami a des _____ yeux.
Mon ami a des yeux _____
Mon ami a des _____ yeux _____ .

4 Lis la phrase puis termine le dessin.

L'escargot va passer sur la niche du chien Azor.

5 Écris ce que dit Alex à Léa (voir manuel p. 48).

31

Voir manuel pages 50 et 51.

Date : ....

1 Numérote les dessins dans l'ordre de l'histoire.

2 Complète les phrases avec le nom des personnages.

Les cartes postales sont pour ──────── .
La montre verte est pour ──────── .
Le petit guide sur Londres est pour ──────── .

3 Écris deux phrases avec les étiquettes proposées.

| ils | courent | gare | vers | la |
| vers | la | ils | mer | partent |

4 Complète par vrai ou faux .

Alex griffe sa sœur. ....
Le train passe sous la mer. ....
Londres est la capitale du monde. ....

5 Écris une phrase pour illustrer le dessin. Utilise la boîte à idées.

Maman	achète	et
des gâteaux	va	
des bonbons		dans
une boutique	est	

32

Voir manuel pages 52 et 53.

Date : ....

1 Qui parle dans la bulle ? Entoure son nom.

« Maintenant, on va visiter la Tour de Londres. »   « Mon cadeau est plus beau. »   « J'ai vu des photos dans mon guide. »

Maman-Alex-Léa   Maman-Alex-Léa   Maman-Alex-Léa

2 Complète les phrases avec les mots suivants : sur - dans - jusqu'au.

« Génial, dit Léa, j'ai vu des photos _____ mon guide…

On fait la course _____ taxi, Alex ? »

Elle s'élance _____ la chaussée.

3 Relie les étiquettes.

mon •   • cadeau
                 • montre
ma •   • maison

4 Dessine ce qu'on te demande dans chaque case.

un chien noir   des poissons bleus   une niche verte   un train bleu

5 Fabrique deux phrases avec les groupes de mots proposés :

J'ai vu	une montre	en taxi.
	la Tour de Londres	dans la boutique.
On va visiter	la niche du chien	dans la mer.
	un poisson	sur la chaussée.

33

Voir manuel pages 54 et 55.

Date : ....

1 Entoure les phrases du texte.

Maman la rattrape de justesse par la manche.
Maman le rattrape de justesse par la manche.

Il était temps car un train passe à toute vitesse devant elles.
Il était temps car une voiture passe à toute vitesse devant elles.

2 Relie chaque phrase au dessin correspondant.

Maman la rattrape par le col.   •   •

Maman la rattrape par la manche.   •   •

Maman la rattrape par la ceinture.   •   •

3 Complète les phrases avec : *passe* ou *ne passe pas*.

L'escargot _____ à toute vitesse.
La voiture _____ à toute vitesse.
Le train _____ à toute vitesse.

4 Devinettes.

Elle a l'air sérieux.   •   • Alex

Il a un sourire moqueur. •   • Léa

Elle a l'air savant.   •   • Maman

5 Complète les phrases avec les mots proposés :

un taxi - la chaussée - Léa et Alex - la Tour de Londres.

_____ courent vers _____
_____ passe sur _____

34

Voir manuel pages 56 et 57.

Date : ....

1. Colorie le dessin qui correspond au texte.

2. Relie chaque phrase au bon dessin.

La voiture roule à droite

Le volant est à droite

3. Écris *Ils montent* ou *Elles montent* dans les phrases.

(Léa et Maman) _____ dans un taxi.

(Alex et Papa) _____ dans un taxi.

4. Complète par vrai ou faux.

Le taxi de Léa et Alex est noir. ....

Léa et Alex partent pour un tour du monde. ....

La maison de Léa et d'Alex est à Londres. ....

Le volant du taxi est à droite. ....

5. Choisis des mots pour compléter la phrase. Recopie-la.

trois Français, taxi, carrosse, train, poissons, voiture,

Les _____ montent dans un _____

35

Voir manuel pages 58 et 59.

Date : ....

 Entoure la bonne réponse.

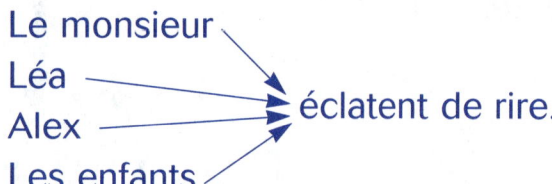   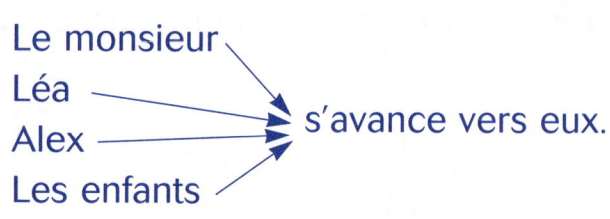

 **Complète les phrases avec les prénoms qui conviennent :**

Il donne un coup de coude à **sa sœur**.

Il donne un coup de coude à _____ .

Les deux enfants éclatent de rire.

_____ *éclatent de rire.*

 **Écris** *son* **ou** *sa*.

   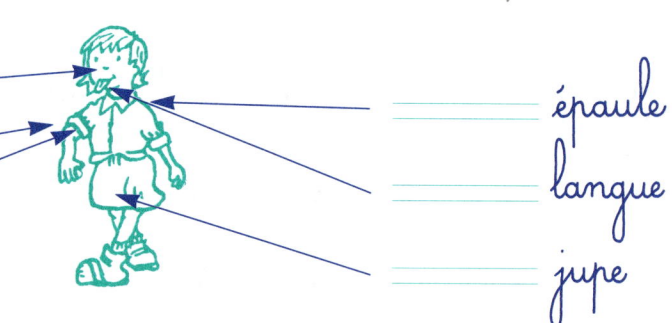

 Colorie de la couleur indiquée :

en bleu : la maison, la montre.
en vert : la niche, la jupe.
en noir : le chien, le chat.

 Écris la phrase qui convient à côté du dessin : • Les visiteurs éclatent de rire.
• Alex est en jupe.

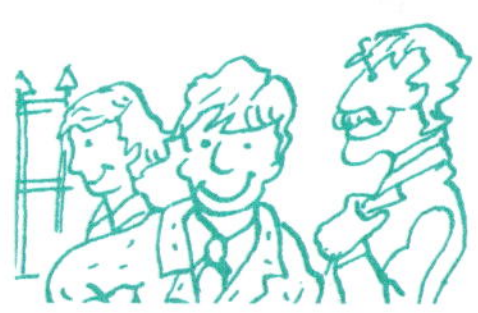

36

Voir manuel pages 60 et 61.

Date : ....

1 Entoure la bonne réponse.

Alex
Léa ⟶ est verte de peur.
Le monsieur

Alex
Léa ⟶ crie.
Le monsieur

2 Écris la phrase du texte dont on a mélangé les mots.

| de | verte | Léa | peur | est | . |

3 Écris *le, la* ou *les*.

Maman _____ suit.   Maman _____ suit.   Maman _____ suit.

4 Réponds aux devinettes.

Il va de gare en gare. ....

On y achète des cartes postales et des jolies montres. ....

C'est le monde des poissons. ....

Elles roulent à droite ou à gauche à toute vitesse. ....

5 Écris une phrase avec les mots proposés :

Maman – Léa – le monsieur – le chien – la tortue – suit – et.

37

Voir manuel pages 62 et 63.

Date : ....

1 Entoure les dessins qui correspondent au texte.

2 Relie chaque phrase au dessin qui correspond.

Le monsieur tend les billets à Alex. •

Le monsieur tend une montre verte à Alex. •

3 Relie à la phrase qui a le même sens.

• Le monsieur sourit à Léa.

Le monsieur **leur** sourit. •   • Le monsieur sourit à Alex et Léa.

• Le monsieur sourit à Alex.

4 Cherche dans les histoires où se trouve chaque mot.

souvenirs : page ....   train : page ....   capitale : page ....

carrosse : page ....   pluie : page ....   sanglots : page ....

5 Écris le bon texte à côté de chaque image.

| Maman achète des souvenirs. | Il leur tend la montre. | Ils partent pour Londres. | Un monsieur suit les enfants. |

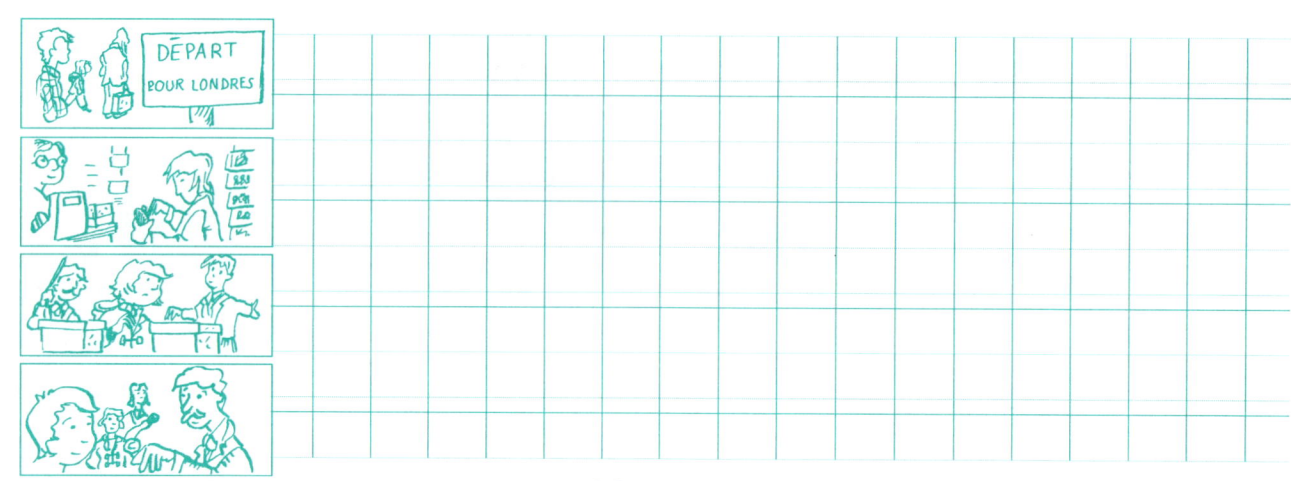

38

[n]
Voir manuel page 65.

1. Colorie la case de la syllabe où tu entends le son [n]

2. Cherche dans l'histoire les mots où tu vois la lettre n. Écris-les.

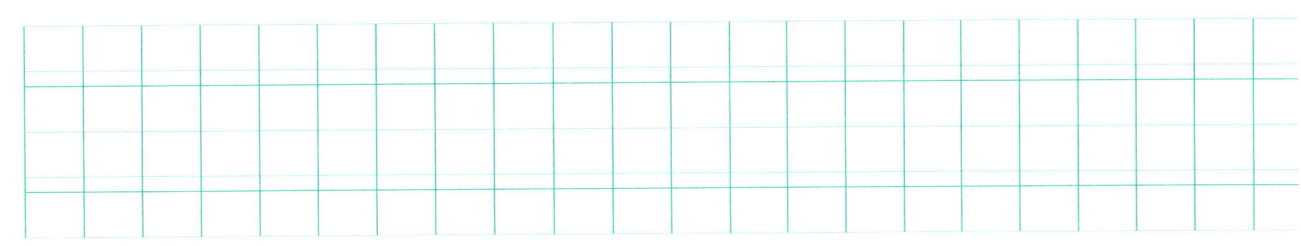

Lis ces mots, que remarques-tu ?

3. Écris les mots dans le tableau. Attention une case restera vide.

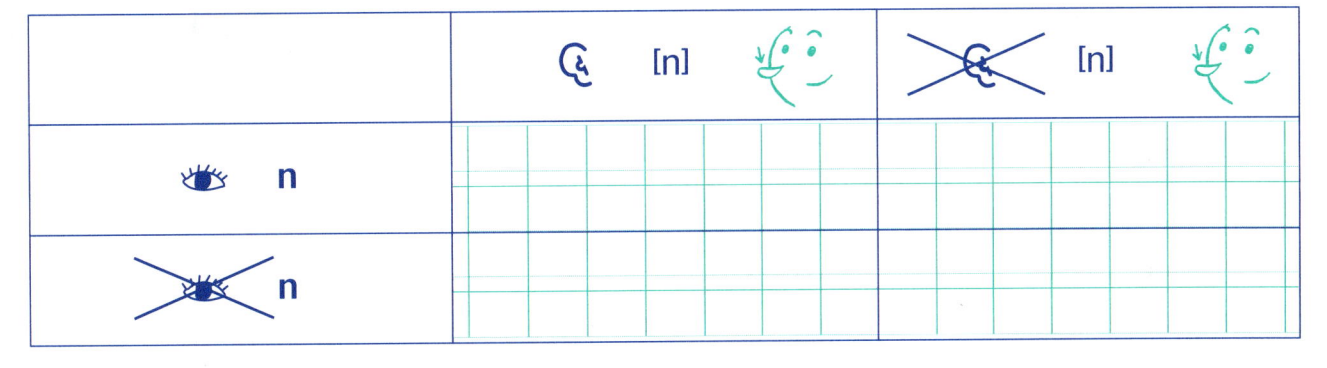

le chameau   le sapin   la baleine

	[n]	[n]
👁 n		
⊗👁 n		

4. Écris comme le modèle que t'a tracé Grindelire.

n

un nez

39

[ə]
Voir manuel page 66.

1 Colorie si tu entends le son [ə]

2 Entoure tous les e et barre l'intrus dans chaque colonne.

tortue	essai	grenouille
rue	escargot	novembre
valise	envoi	eau
orage	flamme	oreille
domino	enfant	pieuvre

3 Entoure les mots où tu entends le son [ə] puis écris-les.

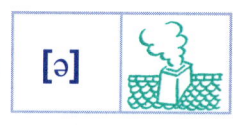

Léa   Alex   en   avec   Rosemonde

tortue   chien   souvenirs   petit   beau

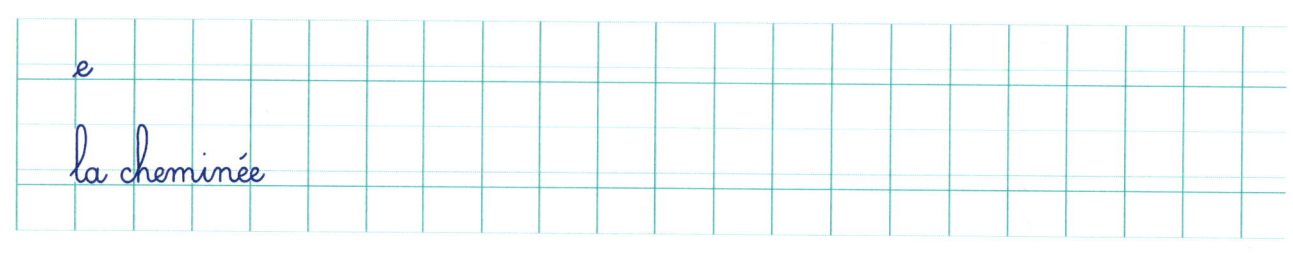

4 Écris comme le modèle que t'a tracé Grindelire.

e

la cheminée

V. manuel p. 7

| je suis | c'est la rentrée | aujourd'hui |
| , | , | . | à la grande école |

V. manuel p. 10

| . | sont de très bons amis | le lièvre et la tortue |

V. manuel p. 12

| , | sur son dos | , | la tortue |
| . | emporte sa maison |

V. manuel p. 14

| . | dit le lièvre | , | j'ai un dos | , | moi aussi | « |
| » | . | je veux une maison | , | allons |

V. manuel p. 16

| : | un abri | elle connaît | . | la tortue réfléchit |
| ! | c'est la niche du chien |

V. manuel p. 18

comme elle est jolie !	oh !	«
dit la tortue	»	comme elle te va bien !
.	à son ami

V. manuel p. 7

| Aujourd'hui | C'est la rentrée | Je suis |

| À la grande école | . | , | , |

V. manuel p. 10

| Le lièvre et la tortue | Sont de très bons amis | . |

V. manuel p. 12

| La tortue | , | Sur son dos | , |

| Emporte sa maison | . |

V. manuel p. 14

| « | Moi aussi | , | J'ai un dos | , | Dit le lièvre | . |

| Allons | , | Je veux une maison | . | » |

V. manuel p. 16

| La tortue réfléchit | . | Elle connaît | Un abri | : |

| C'est la niche du chien | ! |

V. manuel p. 18

| « | Oh ! | Comme elle est jolie ! |

| Comme elle te va bien ! | » | Dit la tortue |

| À son ami | . |

V. manuel p. 20

| du matin jusqu'au soir | chacun viendra te voir | « |
| » | . | pour te féliciter |

V. manuel p. 22

| , | faire jour | , | pleuvoir | , | il peut neiger |
| . | le plus bel abri du monde | c'est | , | faire noir |

V. manuel p. 24

| ! | : | il crie | . | le chien revient | , | hélas |
| il gronde | et | il griffe | et | ! | ma maison |

V. manuel p. 26

,	depuis	.	s'est enfui	le lièvre
ou	sous le soleil	il court le monde
.	sous la pluie

V. manuel p. 28

Rosemonde	la tortue	,	elle n'a plus de sanglots
sont	trois petits escargots	.
.	ses nouveaux amis

V. manuel p. 20

« | Chacun viendra te voir | Du matin jusqu'au soir | Pour te féliciter | . | »

V. manuel p. 22

Il peut neiger | , | Pleuvoir | , | Faire jour | , | Faire noir | , | C'est | Le plus bel abri du monde | .

V. manuel p. 24

Hélas | , | Le chien revient | . | Il crie | : | ! | Ma maison | ! | Et | Il griffe | Et | Il gronde

---

V. manuel p. 26

Le lièvre | S'est enfui | . | Depuis | , | Il court le monde | Sous le soleil | Ou | Sous la pluie | .

V. manuel p. 28

Elle n'a plus de sanglots | , | La tortue | Rosemonde | . | Trois petits escargots | Sont | Ses nouveaux amis | .

[o] et [ɔ]
Voir manuel page 67.

1 Colorie si tu entends le son [o] 🖊

Colorie si tu entends le son [ɔ] 🍎

2 Retrouve les petits mots cachés dans les grands. Entoure-les.

terre
or
cou
os
mer

mercredi
des cartes postales
un ordinateur
ils courent
Angleterre

3 Grindelire a mélangé les syllabes. Écris les mots sous les dessins.

lo   teau   o   phin
vé   ba   ge ra   dau

4 Écris comme le modèle que t'a tracé Grindelire.

o

un stylo

[ʃ]
Voir manuel page 68.

1 Colorie si tu entends le son [ʃ]

2 Entoure tous les groupes de lettres **ch**.

ticket   teck   éclat   claire   cloche   chat   chignon   chocolat
CHEVAL   CHAMEAU   MOUCHE   MACHE   HOUE   AHURI

3 Complète les mots avec *chi, cha, chu, cho* et recopie-les.

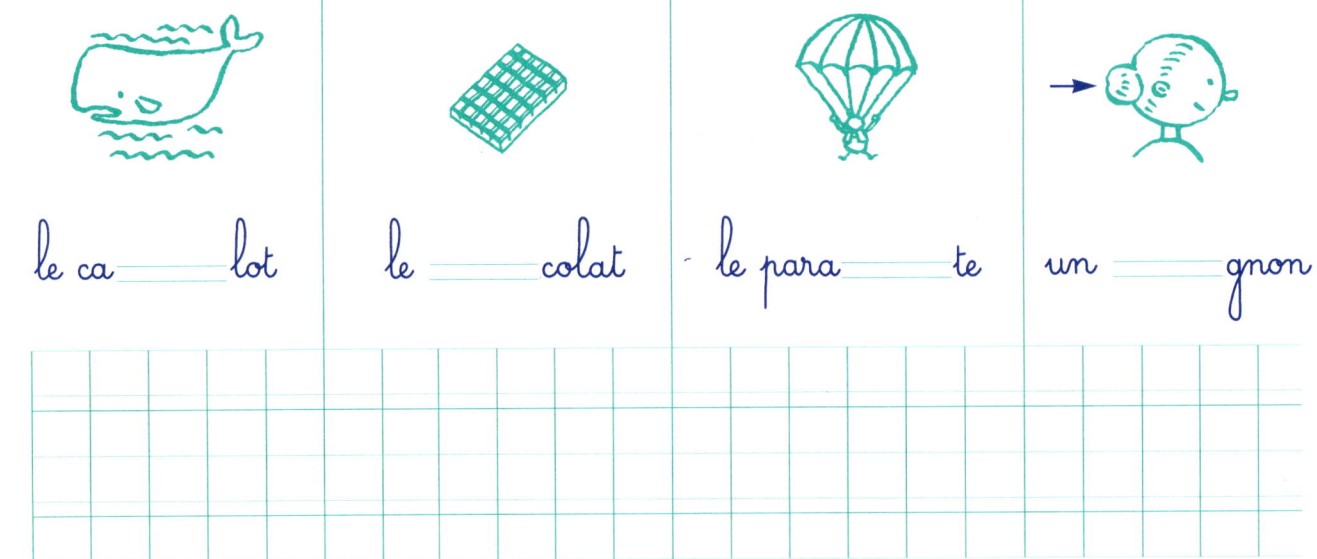

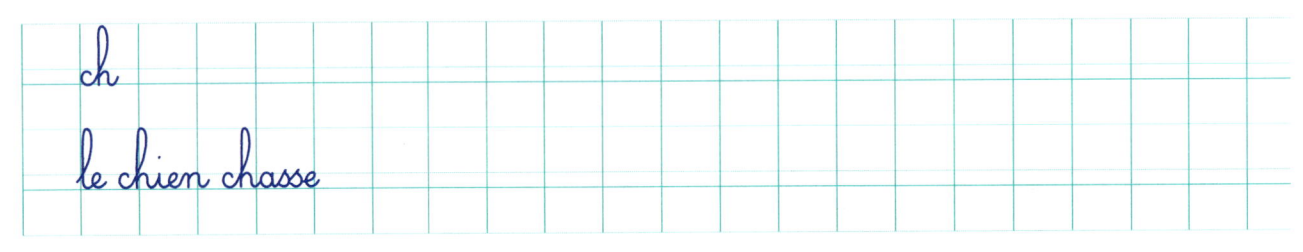

le ca____lot   le ____colat   le para____te   un ____gnon

4 Écris comme le modèle que t'a tracé Grindelire.

ch
le chien chasse

42

[t]
Voir manuel page 69.

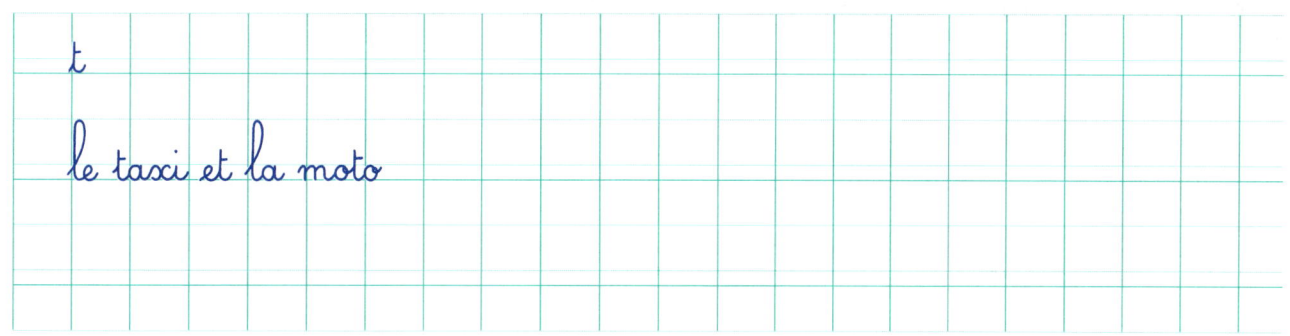

1 Colorie si tu entends le son [t]

2 Entoure toutes les lettres **t**.

fantôme – pantalon – bicyclette – fillette – difficile

artifice – infinitif – éléphant – retardataire – tableau

3 Complète les mots avec : ta, tu, ti, to, te.

une ___lipe    un pan___lon

un rô___    une mo___

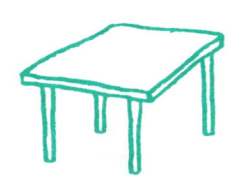

une ___ble    une por___

4 Écris comme le modèle que t'a tracé Grindelire.

t

le taxi et la moto

43

[e]
Voir manuel page 70.

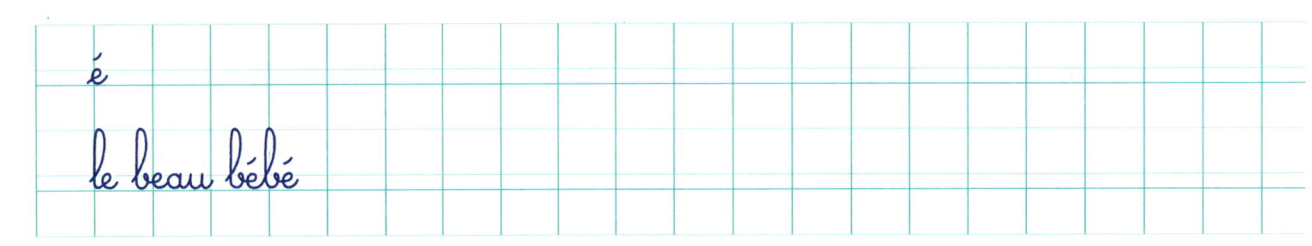

1 Écoute les mots que l'on va te dire.

Coche oui si tu entends [e] et non si tu n'entends pas [e]

1	2	3	4	5
oui|non	oui|non	oui|non	oui|non	oui|non

6	7	8	9	10
oui|non	oui|non	oui|non	oui|non	oui|non

2 Entoure les lettres ou groupes de lettres qui font le son [e]

é   è   er   ê   re   ez   é

en   x   ne

è   ez   é   er   ê   ze

è   é   re   er   a   é

3 Entoure dans chaque mot les lettres qui font le son [e]

FÉLICITER   et   féliciter   nez   réfléchit   visiter

ÉCOLE   commencez   école   visiter   était   NEZ

BÉBÉ   neiger   Léa   COMMENCEZ

4 Écris comme le modèle que t'a tracé Grindelire.

é

le beau bébé

44

[ɔ̃]
Voir manuel page 71.

1. Écoute les mots que l'on va te dire.
Coche les cases des syllabes où tu entends le son [ɔ̃]

1   2   3   4   5

2. Recopie les mots où tu vois on ou om.

coton – nougat – ombre – canot – oncle – rencontrer – immobile – bonbon

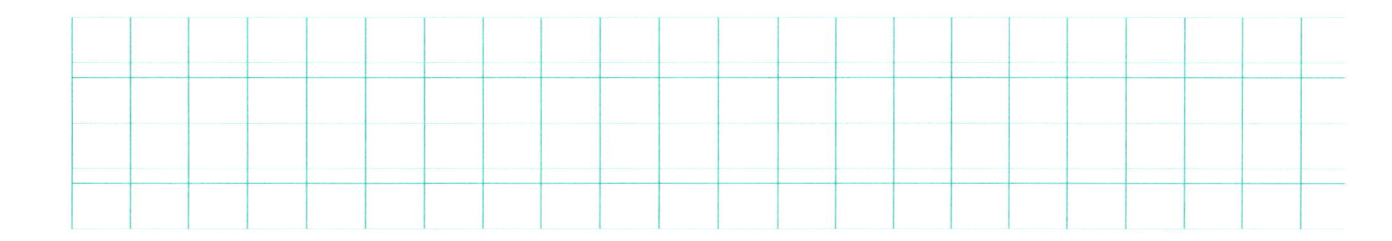

3. Écris les mots dans le tableau.

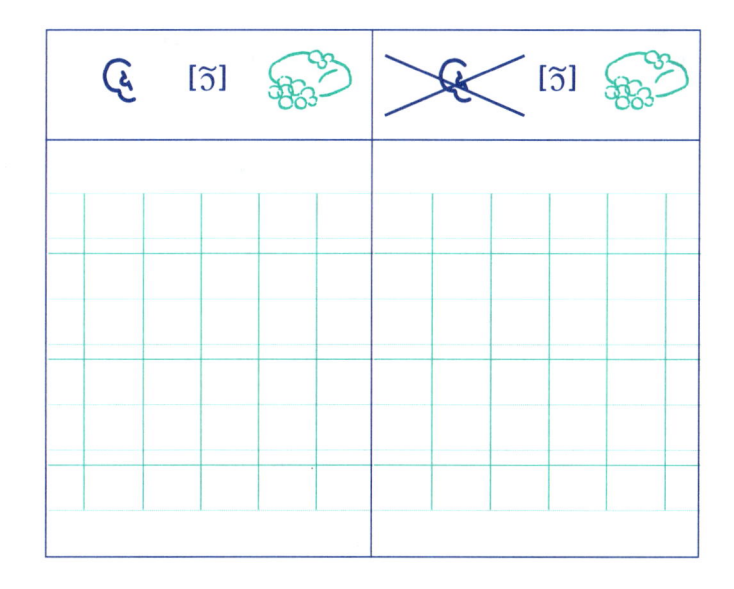

volant
Londres
rouler
montent
noir
impression

[ɔ̃]	[ɔ̃]

4. Écris comme le modèle que t'a tracé Grindelire.

on

le savon

45

[v]
Voir manuel page 72.

1 Écoute les mots que l'on va te dire.
Coche le nombre de fois où tu entends le son [v]

1	2	3	4	5
0 1 2	0 1 2	0 1 2	0 1 2	0 1 2

6	7	8	9	10
0 1 2	0 1 2	0 1 2	0 1 2	0 1 2

2 Sépare les mots pour retrouver la phrase. Écris-la.

Lesdeuxenfantséclatentderire.

3 Entoure les syllabes que tu entends dans les mots que l'on va te dire.

1	2	3	4	5
va	va	va	va	va
ve	ve	ve	ve	ve
vi	vi	vi	vi	vi
vo	vo	vo	vo	vo
vu	vu	vu	vu	vu

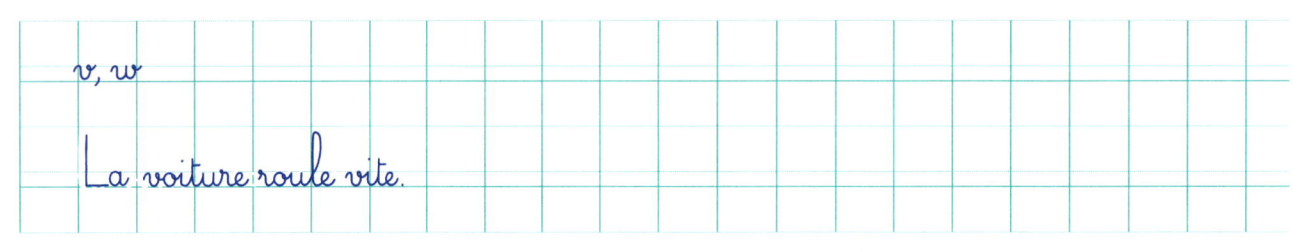

4 Écris comme le modèle que t'a tracé Grindelire.

v, w

La voiture roule vite.

[ã]
Voir manuel page 73.

1 Colorie en bleu si tu entends [ã] et en rouge si tu entends [ɔ̃]

2 Entoure an – en – am – em à chaque fois que tu les vois.

a u e n v r a n v a i a n o n n a u r m l a n x

e n r n e m p o a n c s o n a a m b a n s e n x n e

3 Entoure les lettres qui font le son [ã] dans ces mots.

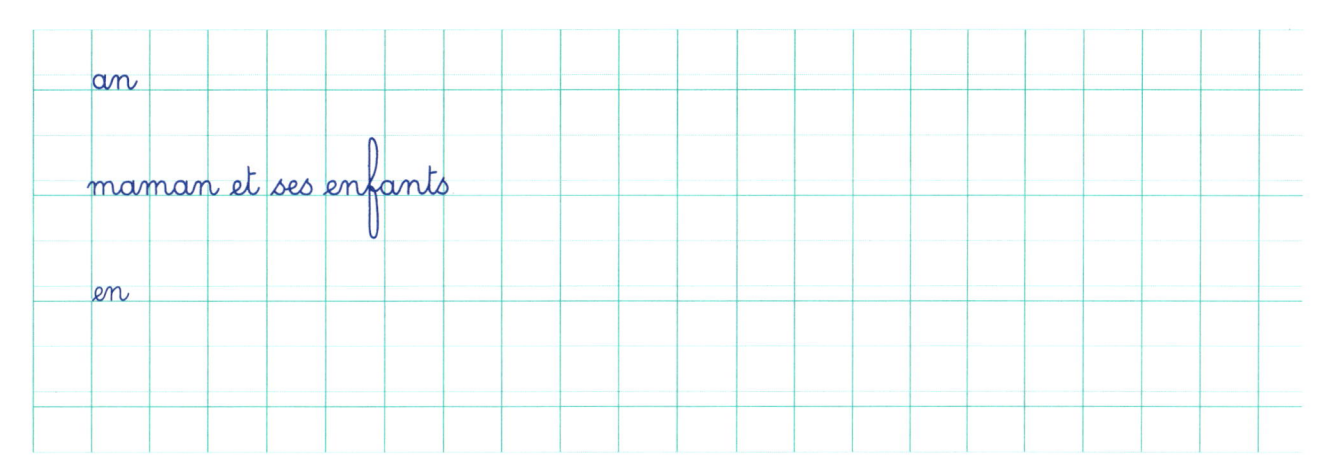

semble   chien   emporte   jambe   maison

temps   manche   enfants

anglais   tend   regardant   langue   amis

4 Écris comme le modèle que t'a tracé Grindelire.

an

maman et ses enfants

en

47

[d]
Voir manuel page 74.

1 Coche les cases quand tu entends le son [d] ou le son [t]

2 Entoure tous les d.

b p p b d q p d q b p b d q p d b q p q b d d p

3 Grindelire a renversé de l'encre. Retrouve la syllabe manquante. Relie le mot à la syllabe.

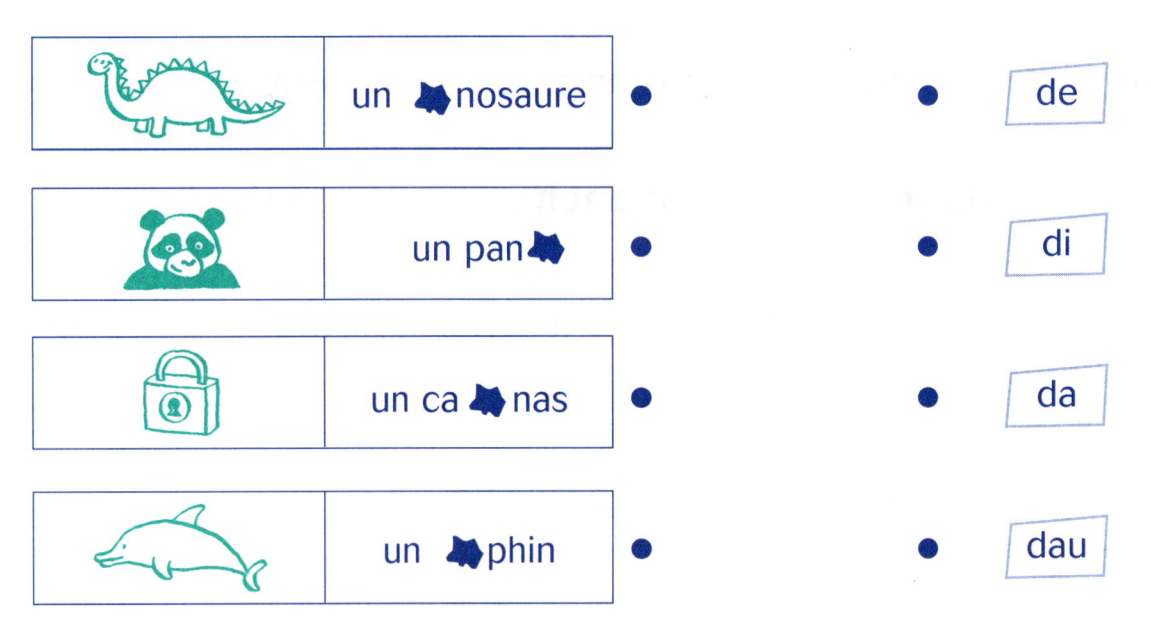

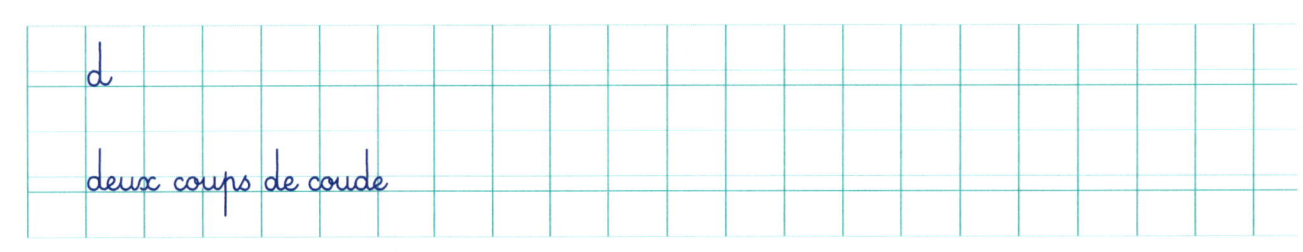

un ★nosaure • • de

un pan★ • • di

un ca★nas • • da

un ★phin • • dau

4 Écris comme le modèle que t'a tracé Grindelire.

d

deux coups de coude

48

Voir manuel page 75.

Billet de train

1. Grindelire prend le train.
Observe son billet et réponds aux questions.

```
SNCF  BILLET   LYON → MILAN
          DÉPART : 6 JUIN

DÉPART :  LYON        2ème CLASSE
ARRIVÉE : MILAN       TARIF NORMAL

BILLET VALABLE 24 HEURES APRÈS COMPOSTAGE
```

Dans quelle gare est Grindelire ? _____

Où va-t-il ? _____

Quelle est la date de son départ ? _____

En quelle classe voyage-t-il ? _____

2. Observe le tableau d'affichage et réponds aux questions :

12:00 LYON - MILAN

13:00 LYON - PARIS

14:00 LYON - MILAN

15:00 LYON - BESANÇON

Grindelire part à Milan.

Quels trains peut-il prendre ? _____

Il est 13 heures 15.

Quel train doit-il prendre ? _____

49

Voir manuel page 76.

Faire ses courses en euros

1 Grindelire a mélangé les billets et les pièces.
Numérote-les de 1 à 6, du plus petit au plus grand.

2 J'ai un billet de 10 euros, quels sont les achats que je peux faire ?
Écris leur nom.

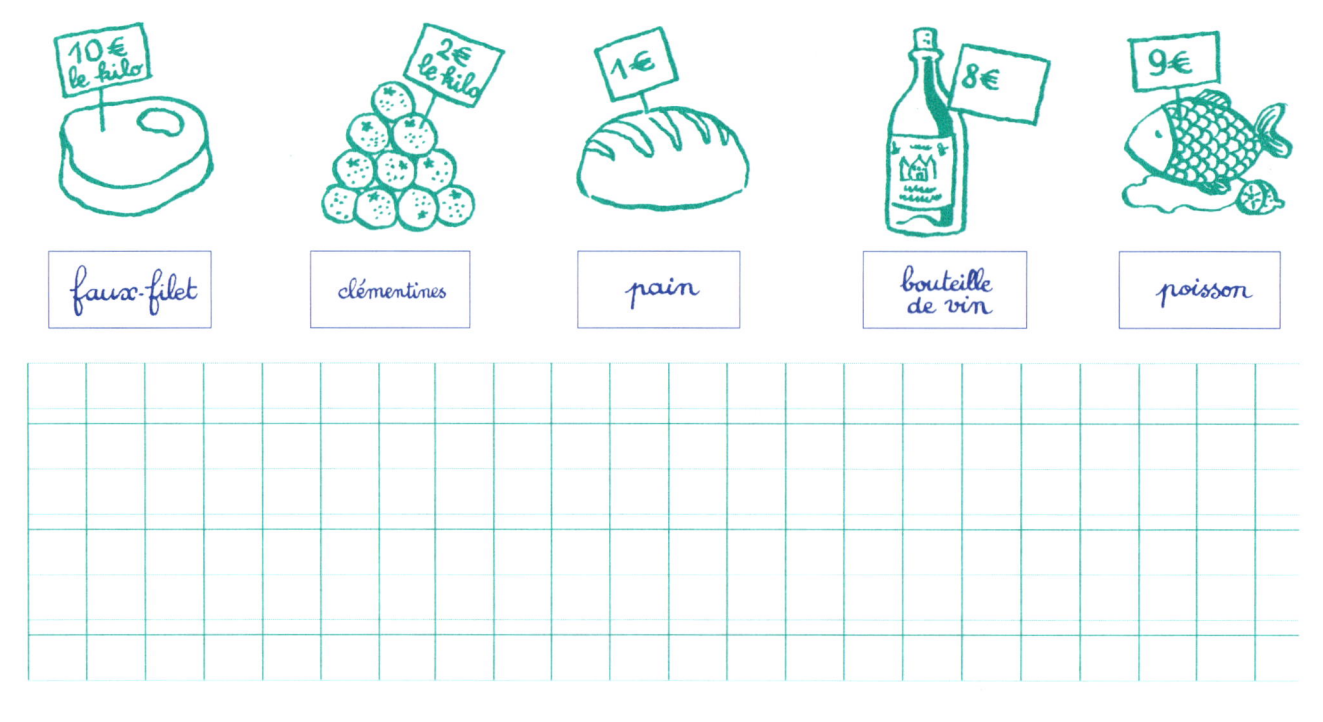

faux-filet — clémentines — pain — bouteille de vin — poisson

3 Grindelire a acheté un pain et un kilo de clémentines, avec ses 10 euros.

Combien a-t-il dépensé ? _____

Dessine la monnaie qu'on lui rend.

50

Révisions • jeux

1 **Mots croisés**

① Capitale de l'Angleterre.

② La jupe des Écossais.

③ Le train passe sous cette mer.

④ Il passe sous la Manche.

⑤ Il porte une jupe.

2 Écris la première lettre du mot correspondant à chaque dessin et tu liras le nom d'un objet utilisé par le Père Noël.

3 Coloriage magique

bleu	rouge	vert	jaune	violet	marron
an am en em	on om	é er ez	d dd	t tt	v
[ã]	[ɔ̃]	[e]	[d]	[t]	[v]

51

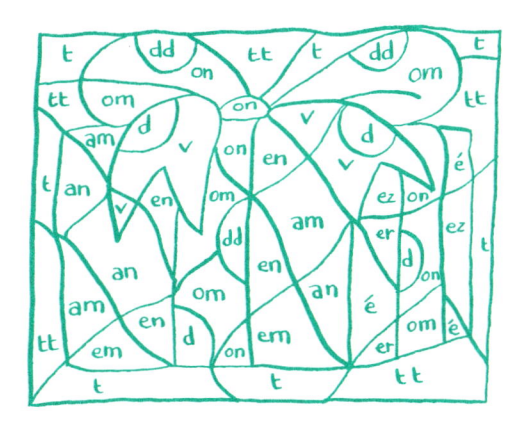

PROJET

Écris une carte postale

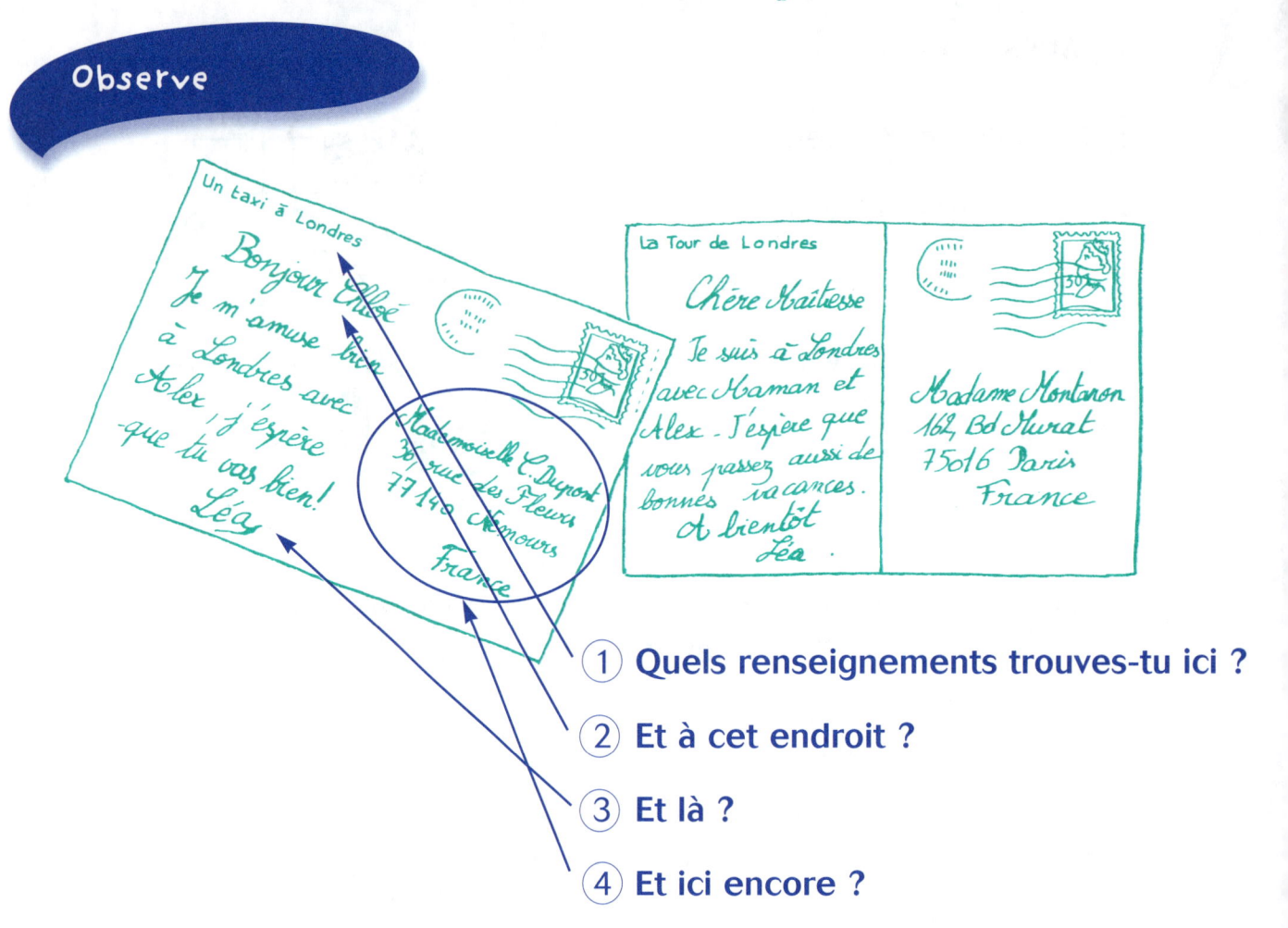

Observe

Un taxi à Londres

Bonjour Chloé,
Je m'amuse bien à Londres avec Alex, j'espère que tu vas bien !
Léa

Mademoiselle C. Dupont
36 rue des Fleurs
77140 Nemours
France

La Tour de Londres

Chère Maîtresse,
Je suis à Londres avec Maman et Alex. J'espère que vous passez aussi de bonnes vacances.
À bientôt
Léa

Madame Montanon
162, Bd Murat
75016 Paris
France

① **Quels renseignements trouves-tu ici ?**

② **Et à cet endroit ?**

③ **Et là ?**

④ **Et ici encore ?**

Réfléchis

Regarde l'autre carte :
Qui est le destinataire ?
Trouve des renseignements sur l'expéditeur.
Trouve d'autres renseignements.

Notre projet

Écrire une carte postale.

D'ÉCRITURE

Voir manuel pages 50 et 51.

La boîte à idées

Cher Papa,
Gros bisous
Léa, Monsieur
Nous avons vu
Nous avons bien ri

Un taxi à Londres

Cher Papa,
Nous avons visité la Tour de Londres
C'est très beau !
Gros bisous.
Alex

Monsieur A. Térieur
21, rue du Montparnasse
75006 Paris
France

• Tu peux utiliser la boîte à idées et la compléter.

Écris ta carte postale

• Invente un texte ou reprends des éléments de la carte de Léa.

Un Écossais en kilt

• Lis ta carte à tes amis.
Ont-ils bien compris ?

• Illustre le recto de ta carte.

53

Période 3

Voir manuel pages 82 et 83.

Date : ....

1 Colorie tout ce qui se trouve dans le texte.

2 Coche le bon tonneau.

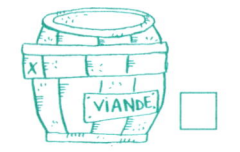

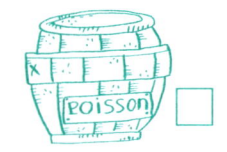

EAU ☐   VIANDE ☐   POISSON ☐

3 Complète par c'est ou c'était.

Aujourd'hui _____ la rentrée.

Je ne le savais pas : _____ le capitaine Jambe-de-bois.

Il a une montre verte, _____ Alex.

4 Complète par vrai ou faux .

Le bateau de pirates arrive dans le port de Londres. ....

L'enfant savait que c'était un bateau de pirates. ....

Le capitaine Jambe-de-Bois a vu l'enfant dans le tonneau. ....

5 Fabrique une histoire. Tu peux t'aider des groupes de mots.

de Londres
d'Angleterre
un abri
le bateau
une niche
écossais
français
c'est   c'était.

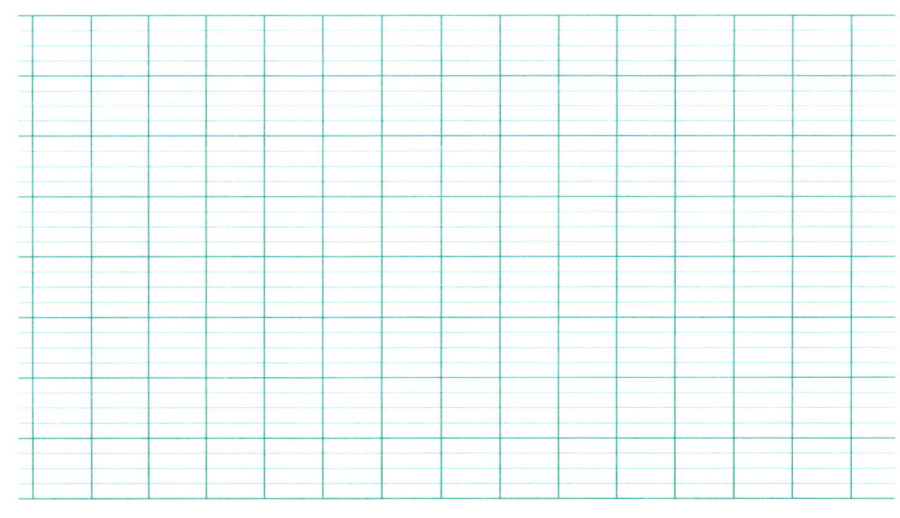

54

Voir manuel pages 84 et 85.

Date : ....

1 Entoure les phrases du texte.

Il hurla en me sortant par la peau du cou.
Il gronda en me sortant par la peau du cou.
« Que fait cet enfant dans mes épaules de porc ? »
« Que fait ce passager clandestin dans mes côtes de porc ? »

2 Complète les phrases avec les mots proposés :

du travail, orphelin, Miguel, faim.

J'ai .... et je suis .... Je cherche ....

3 Que dit chaque personnage ? Relie aux phrases qui conviennent.

Que dit Jambe-de-Bois ?   •   • J'ai faim et je suis orphelin.

                                     • Je cherche du travail.

Que dit Miguel ?   •   • Que fait ce passager clandestin dans mes côtes de porc ?

4 Complète par vrai **ou** faux **.**

Miguel était sous le tonneau. ....
Miguel était sur le tonneau. ....
Miguel était dans le tonneau. ....

5 Invente deux nouvelles phrases avec les mots proposés. Écris-les.

Miguel	gronde	le pirate.
Le capitaine	cherche	son bateau.
L'enfant	appelle	le capitaine.
Jambe-de-Bois	griffe	un enfant.

Voir manuel pages 86 et 87.

Date : ....

1 Colorie le dessin du pirate qui correspond au texte.

2 Remets la phrase du texte dans l'ordre. Écris-la.

| Caraïbes | un | pirate | Jambe-de-Bois | était | des | . |

3 Écris une phrase qui indique ce qui manque à Jambe-de-Bois.

| une jambe | un œil | les yeux | une épaule | la langue |
| un coude | une oreille | une main | il lui manque |

4 Devinettes.

Il va aller sur la mer.

C'est la gare des bateaux.

Il fait peur à tout le monde.

5 Fabrique une phrase avec les groupes de mots proposés.

médecin — des gâteaux — des piqûres — de la magie — maçon

Tu seras .... , tu feras ....

56

Voir manuel pages 88 et 89.

Date : ....

1 Colorie ce que fait Miguel dans le texte.

2 Entoure les phrases du texte.

Astique le pont. Nettoie le pont.
Astique nos canons. Nettoie nos canons.
« Tu vas nous faire la cuisine ! »

3 Complète par vrai ou faux .

Miguel doit nettoyer le pont. ....

Miguel doit astiquer les boulons. ....

Miguel doit mastiquer les bonbons. ....

Miguel doit raccommoder des vêtements. ....

4 Écris deux phrases avec les mots qui te sont proposés :

Astique	ma	maison.
Jette	ta	manche.
Raccommode	mon	taxi.
Nettoie	nos	carrosse.
	les	kilt.
	ses	poissons.

5 Invente une nouvelle phrase avec les mots du texte.

57

Voir manuel pages 90 et 91.

Date : ....

1 Entoure les phrases correspondant au texte.

Il fallait d'abord tuer les rats.
Les gabelles me tombaient dessus.
Les canons étaient souillés.
Elles étaient toutes déchirées !
Miguel était horrible.

2 On a mélangé les étiquettes. Remets-les dans l'ordre. Écris la phrase.

| de | vraiment | Jambe-de-Bois | bateau | Le | minable | était | . |

3 Complète avec : *était* ou *étaient*.

Le canon _____ rouillé.
Les canons _____ rouillés.
Les vêtements _____ noirs de crasse.
Le vêtement _____ noir de crasse.

4 Colorie le dessin qui correspond à la phrase.

Le lièvre et la tortue étaient de très bons amis.

5 Écris une phrase pour présenter les personnages Miguel et Jambe-de-Bois.

58

Voir manuel pages 92 et 93.

Date : ....

1. Choisis le groupe de mots qui correspond au texte.

La vigie surveillait l'horizon •   • en haut du mât.
                                 • sur le pont.

L'île de Tobago était loin •   • devant le bateau.
                                 • derrière le bateau.

2. Illustre la phrase.

Le pirate vissa sa longue-vue devant son bandeau noir.

3. Lis les phrases. Entoure ce que dit le capitaine à Miguel.

– Tu veux aller aider la vigie ?

– Tu veux aller embrasser les requins ?

– Tu veux aider à charger les canons ?

– Tu veux aller aider les pirates ?

4. Relie la phrase à la bulle qui correspond.

Alex parle à Léa.   •   • Tu veux aller visiter la Tour de Londres ?

Maman parle à Alex. •   • Tu veux courir jusqu'au taxi ?

5. Écris un texte en t'aidant des mots proposés.

Les enfants   Le pirate   Le capitaine
   court   regarde   a vu   était
le bateau anglais   le navire marchand   le port
dans sa longue-vue   dans le tunnel   sur la mer

Voir manuel pages 94 et 95.

Date : ....

1 Barre les groupes de mots qui ne correspondent pas au texte.

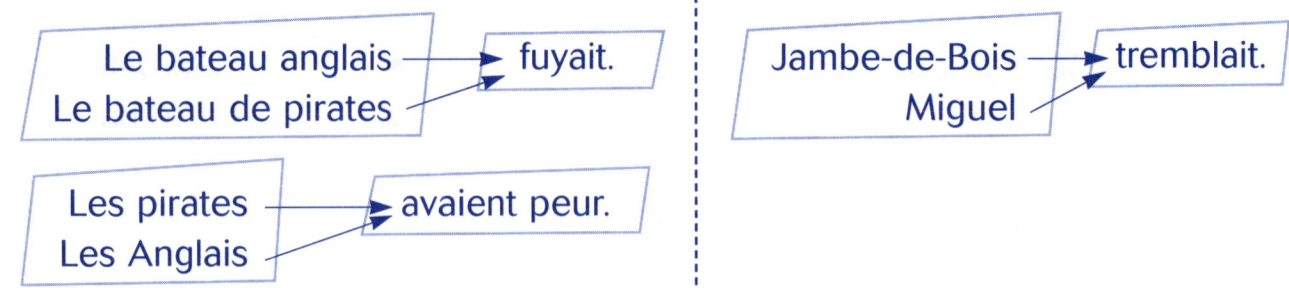

Le bateau anglais → fuyait.
Le bateau de pirates

Jambe-de-Bois → tremblait.
Miguel

Les pirates → avaient peur.
Les Anglais

2 Colorie le dessin correspondant à la phrase.
Jambe-de-Bois hissa son pavillon orné d'une tête de mort.

3 Complète par *et moi* ou *et toi*.

Je tremblais, _____, tu avais peur.

Ils couraient sur le pont, _____, je fuyais.

Il nous avait vus, _____, tu tremblais.

4 Complète par vrai ou faux.

Le mousse de Jambe-de-Bois a peur. ....

Le capitaine a une tête de mort sur son bandeau noir. ....

Le navire anglais est un bateau marchand. ....

5 Écris une phrase pour décrire le pirate et son chapeau.

le pirate   un chapeau   son chapeau
une tête de mort   avait   noir   avec

60

Voir manuel pages 96 et 97.

Date : ....

1. Colorie les dessins qui correspondent au texte.

2. Entoure les intrus qui se sont glissés dans les phrases.

Je chargeai les poulets dans nos dix canons.
Les pirates aiguisaient leur rame.
Le capitaine martelait le pain.
Les marchands anglais allaient se rendre au premier loup.

3. Forme des phrases en reliant les points.

Il s'appelait Jambe-de-Bois • • car ils étaient des marchands.
Les Anglais ne savaient pas se battre • • car il avait une jambe en bois.
Je chargeai les canons • • car le combat approchait.

4. Complète par vrai ou faux.

Les pirates ont vingt canons. ....
Miguel a astiqué les canons. ....
La victoire n'était pas assurée pour les Anglais. ....
Miguel veut massacrer le navire des marchands. ....

5. Fais un portrait de pirate en t'aidant des mots proposés :

Le pirate porte • des vêtements déchirés   il lui manque • un œil
              • un chapeau noir   • une jambe
et il a • un sabre couvert de sang • une longue-vue   • une main

61

Voir manuel pages 98 et 99.

Date : ....

1. Complète le dessin avec :

– des soldats en uniforme
– des panneaux secrets
– des gueules de canons

2. Complète la phrase avec les mots proposés : cadeau – flancs – panneaux – blancs.

★★☆ Tout à coup, vingt _____ secrets s'ouvrirent dans les _____ du navire.

3. Légende les dessins en t'aidant des mots suivants :

en, jupe, kilt, robe, une fillette, un monsieur, une dame.

4. Devinettes.

Ils arrivent à toute vitesse sur le pont. _____

Les pirates en ont dix, les Anglais en ont vingt. _____

Avec eux, on reconnaît les soldats. _____

5. Invente un nouveau texte avec les mots de l'histoire.

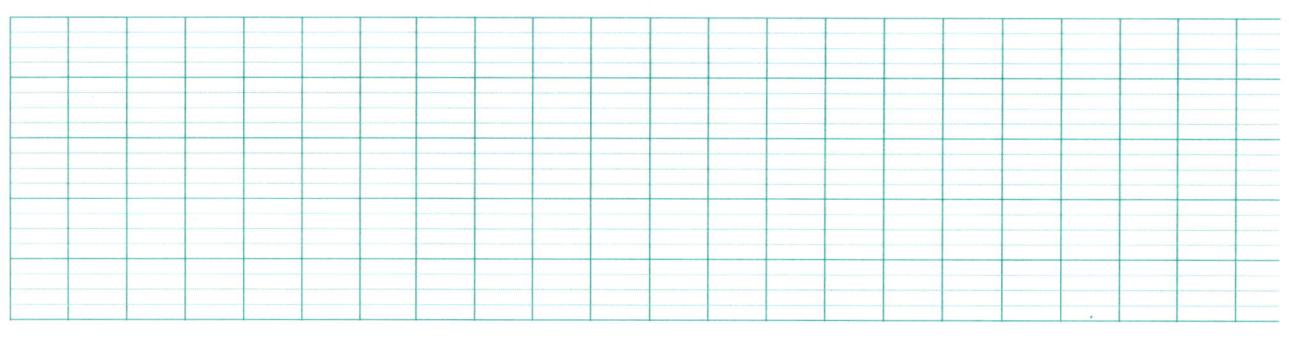

Voir manuel pages 100 et 101.

Date : ....

1 Numérote les dessins dans l'ordre du texte.

2 On a mélangé les lettres. Retrouve le mot caché.

O S S E M U

- Le savon en fait. .... *la* ....
- Il travaille sur un bateau. .... *le* ....

3 Complète par *mon* ou *notre*.

C'est ─── *bateau*.

C'est ─── *dernier combat*.
C'est ─── *capitaine*.

4 Écris le numéro des pages de l'histoire où se trouve chaque mot.

piège : page ....   horizon : page ....   amis : page ....

oreille : page ....   rats : page ....   militaire : page ....

5 Écris un texte en t'aidant d'une ou deux images.

63

[p]
Voir manuel page 103.

1 Colorie si tu entends le son [p]

2 Entoure la lettre **p** à chaque fois que tu la vois.

d p d a q p d p q b b p p a q q b p a a d d p q p

D P P B D B P R P P R B D P D A B P A D B P P S

le bébé - le pirate - un banc - le pont - un chapeau - la porte

3 Aide Grindelire à reconstituer les mots.

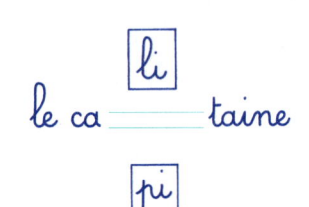

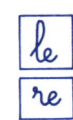

le ca [li / pi] taine

la [lou / rou / pou] belle

la tuli [pe / le / re]

4 Écris comme le modèle que t'a tracé Grindelire.

p
un pirate

5 Dictée.

[f]
Voir manuel page 104.

1 Coche la case si tu entends le son [f] 🔥

2 Cherche dans les textes des mots où tu vois **f** ou **ph**. Écris-les.

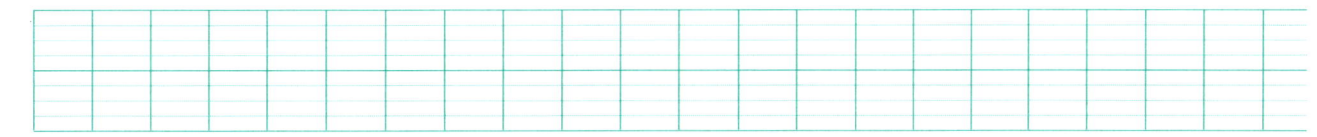

3 Relie la syllabe au dessin qui convient.

| fé | fi | fu | fo | phan |

4 Écris comme le modèle que t'a tracé Grindelire.

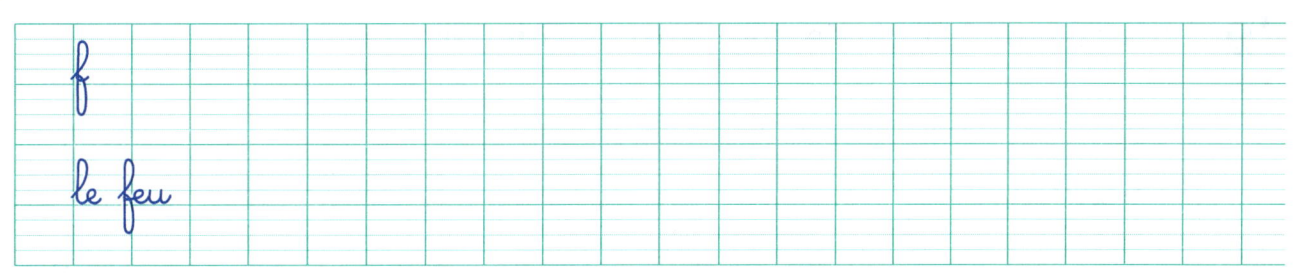

f

le feu

5 Dictée.

65

[s]
Voir manuel page 105.

1 Écris le nombre de fois où tu entends le son [s] 🔔

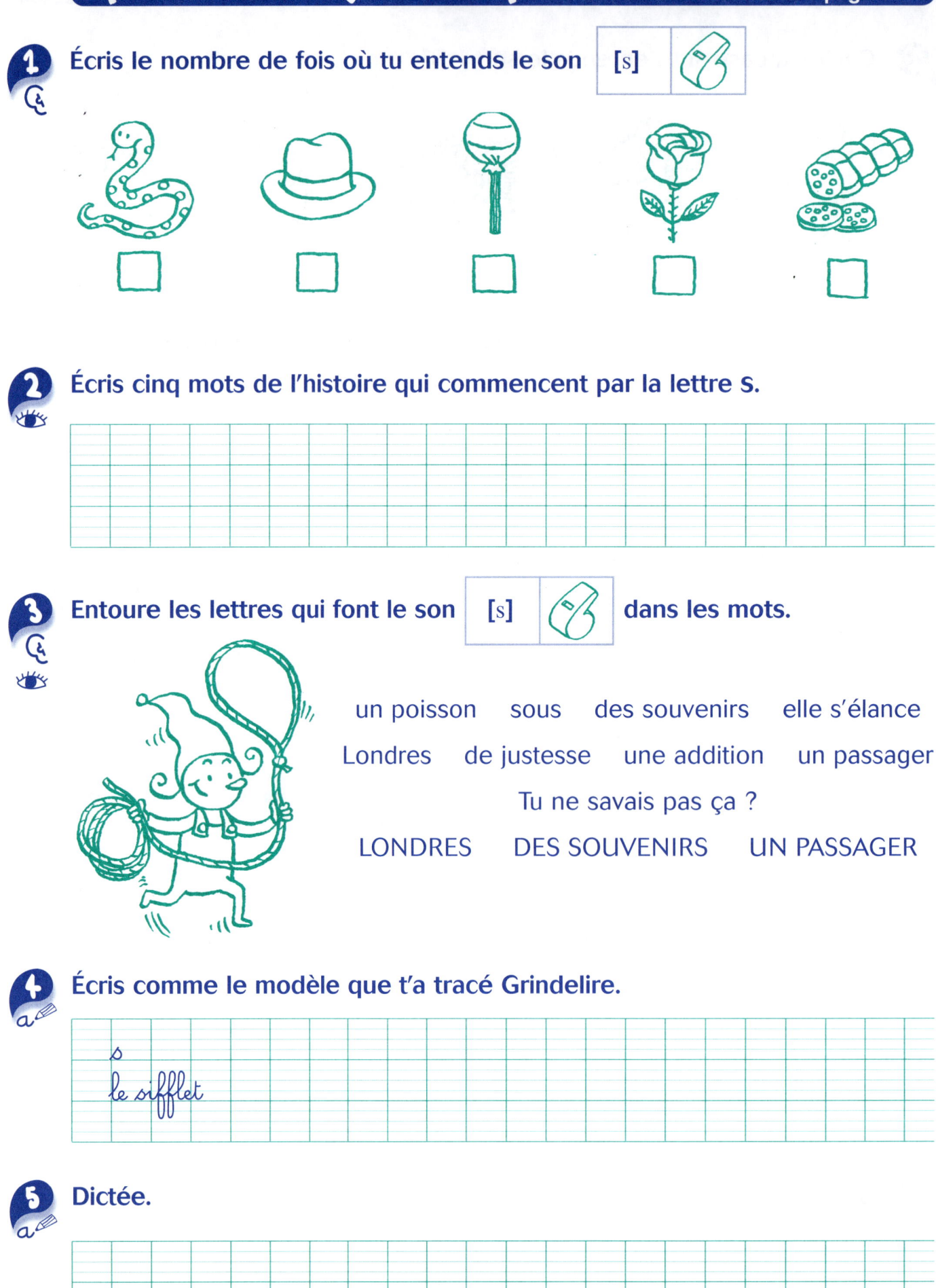

☐   ☐   ☐   ☐   ☐

2 Écris cinq mots de l'histoire qui commencent par la lettre s.

3 Entoure les lettres qui font le son [s] 🔔 dans les mots.

un poisson   sous   des souvenirs   elle s'élance

Londres   de justesse   une addition   un passager

Tu ne savais pas ça ?

LONDRES   DES SOUVENIRS   UN PASSAGER

4 Écris comme le modèle que t'a tracé Grindelire.

s
le sifflet

5 Dictée.

[ɛ]
Voir manuel page 106.

1 Colorie la case de la syllabe où tu entends le son [ɛ] →

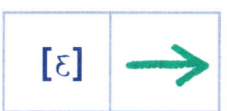

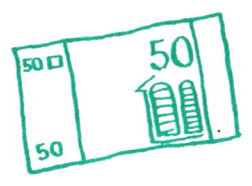

2 Entoure les è et les ê.

é è ê é é è é ê é è é é ê è é

ê é è é ê è é é ê è é é é ê è

3 Complète les colonnes avec des mots de tes textes où tu entends le son [ɛ] →

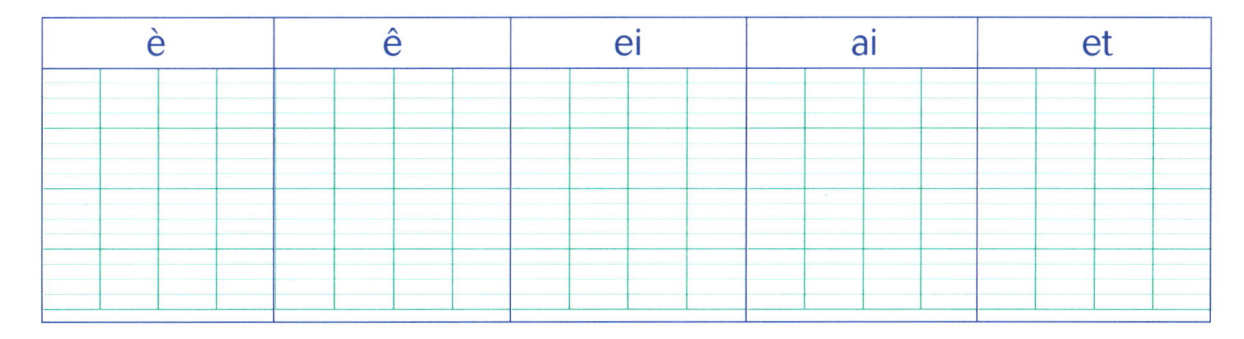

è	ê	ei	ai	et

4 Écris comme le modèle que t'a tracé Grindelire.

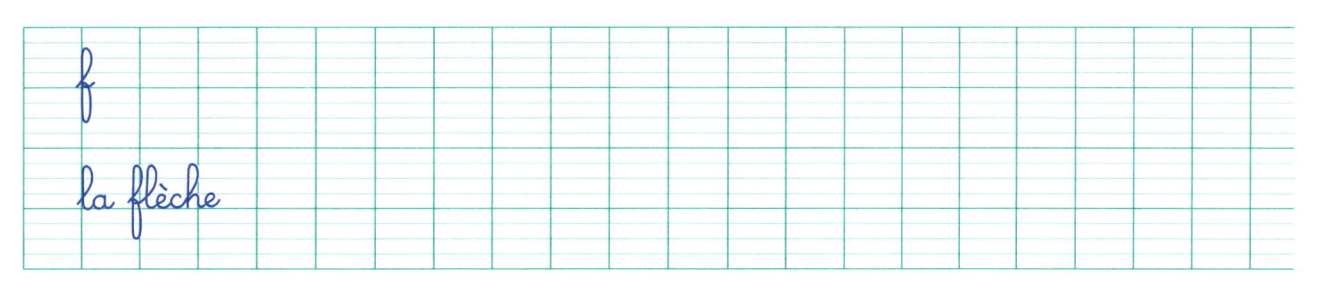

f

la flèche

5 Dictée.

67

[k]
Voir manuel page 107.

1. Colorie si tu entends le son [k]

2. Entoure qu, k, co, ca, cu dans les mots.

une quille   une guirlande   un kilt   une pâquerette   une puce
un garçon   un cadeau   une culotte   une école   une boutique

3. Écris les mots dans la colonne qui convient.

cherche
découvert
avance
cou
côtes
français
capitaine

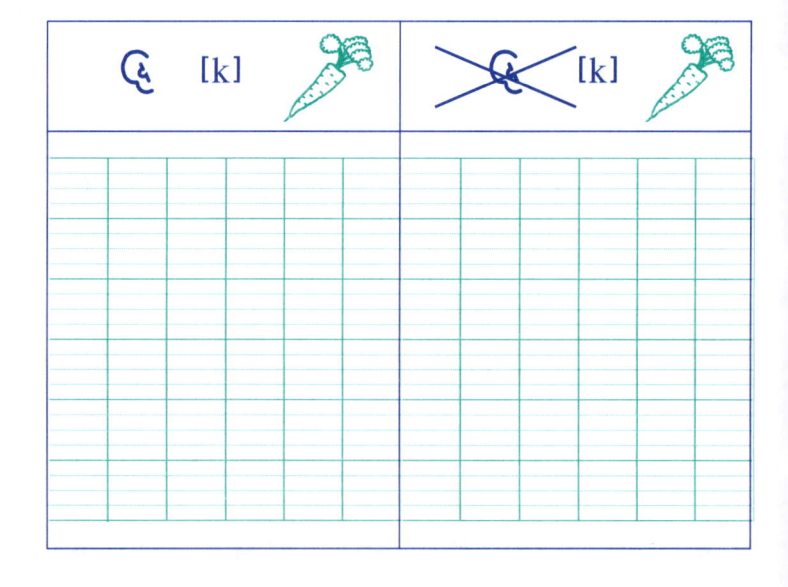

4. Écris comme le modèle que t'a tracé Grindelire.

c
la carotte

5. Dictée.

[ɛ̃]
Voir manuel page 108.

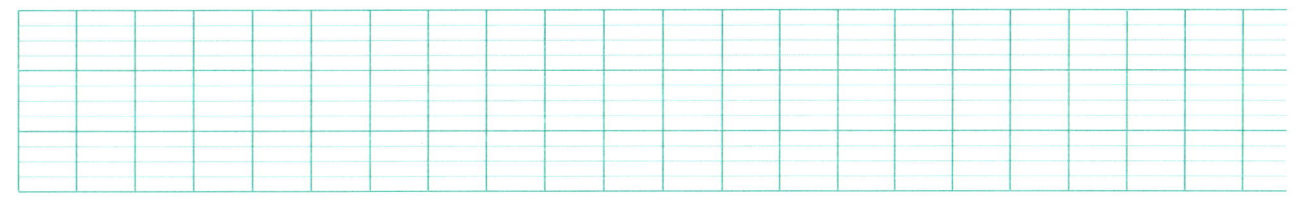

1 Colorie si tu entends le son [ɛ̃] 🐟

2 Colorie les cases avec **in im un ain ein**. Que vois-tu ?

an	uu	on	no	nu	an	no	on	uo	on
on	in	ou	ain	uu	en	nu	im	oi	on
en	ain	no	un	in	no	nu	in	en	nei
au	im	uo	ain	ani	un	ou	un	mi	nai
an	ein	no	in	ani	on	ain	ain	ni	ni
en	in	oi	im	ui	uu	no	ein	on	mi
an	on	uu	uo	on	uo	on	no	en	ni

3 Complète les colonnes avec des mots des textes où tu entends le son [ɛ̃] 🐟

in	ain	ein	un	aim

4 Écris comme le modèle que t'a tracé Grindelire.

in
le requin

5 Dictée.

69

[u]
Voir manuel page 109.

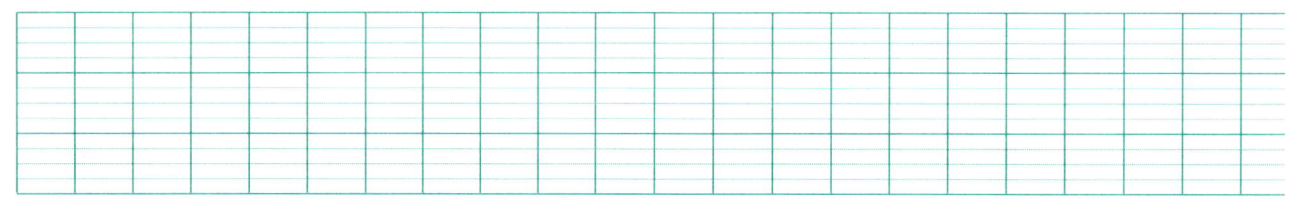

1 Colorie si tu entends le son [u]

2 Colorie toutes les cases où tu vois **ou**.

on	uu	on	no	uo	on	no	on	uo	on
uo	no	ou	ou	uu	on	ou	oo	ou	oo
oo	ou	no	on	ou	no	ou	uo	ou	on
on	ou	uo	no	ou	oo	ou	uo	ou	uo
uu	ou	no	oo	ou	on	ou	uu	ou	no
uo	oo	ou	ou	uo	uu	no	ou	no	uo
no	on	uu	uo	on	uo	on	no	oo	on

3 Aide Grindelire à reconstituer les mots.

| pou | mou | | mou | cou | | pou | bou | | rou | lou |

une ___le   une ___che   un tam___rin   un kangou___

4 Écris comme le modèle que t'a tracé Grindelire.

ou
le loup

5 Dictée.

[3]
Voir manuel page 110.

1 Coche la case si tu entends le son [3]

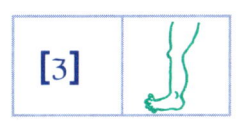

2 Entoure tous les **ge** ou **gi** ou **j**.

jeudi   du potage   un gâteau   un magistrat   une guitare   Geneviève

gigoter   une cigale   une majuscule   du fromage   une paye

3 Complète les mots par une des deux syllabes proposées.

ji ju

La fillette a mis une ____pe.

jou jo

Elle a une ____lie poupée.

4 Écris comme le modèle que t'a tracé Grindelire.

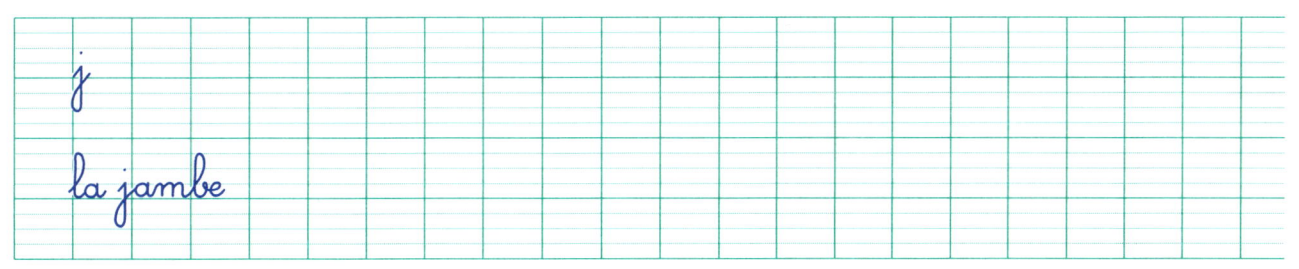

j

la jambe

5 Dictée.

71

[b]
Voir manuel page 111.

1 Entoure en jaune quand tu entends au début le son [b]
en rouge quand tu entends au milieu le son 🚢

2 Entoure tous les b.

b   b   d   d   b   p   p   q   d   p   q   b   d   p   d   b   p   d   d   b   d

un baobab   une baguette   un cadeau   un crapaud   un corbeau

3 Complète les mots avec la lettre *p* ou *b* que Grindelire a effacée.

un cha___eau    un ___ol    une ju___e

Complète avec : *bo, bi, bou* ou *bu*.

un ro___net    un lava___    un zé___    une ___teille

4 Écris comme le modèle que t'a tracé Grindelire.

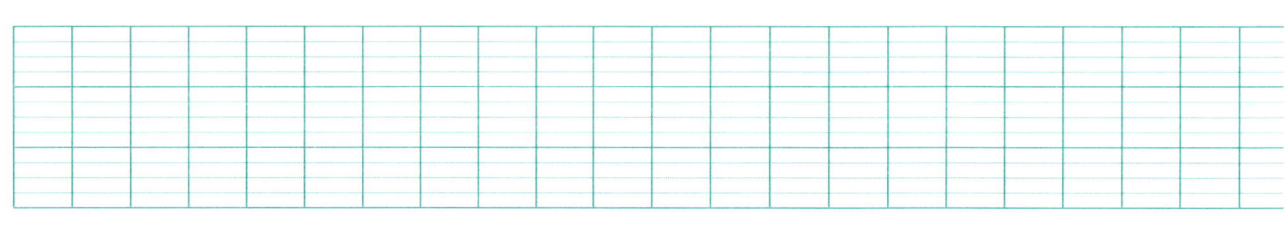

b
le bateau

5 Dictée.

[wa]
Voir manuel page 112.

1. Coche les cases quand tu entends le son [wa]

2. Colorie : les **oi** en bleu
les **in** en vert
les **ou** en gris
les **on** en jaune

3. Grindelire a mélangé les syllabes. Retrouve le mot et écris-le.

lier   reau   seau
voi   poi   oi

4. Relie chaque mot au dessin correspondant.

un arrosoir   une voiture   la toiture

5. Écris comme le modèle que t'a tracé Grindelire.

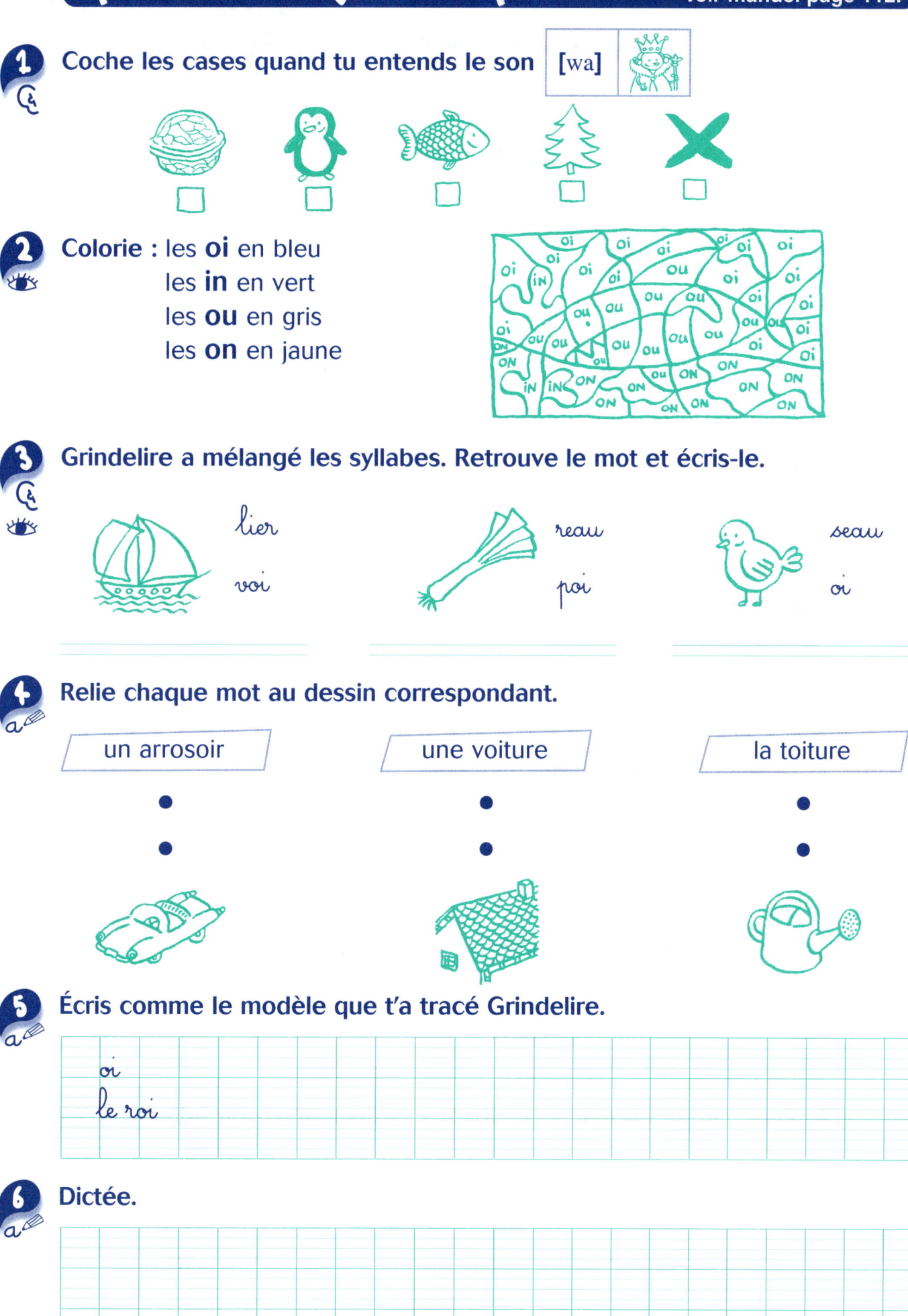

oi
le roi

6. Dictée.

73

Voir manuel page 113.

Les poissons sandwichs

1. Entoure :
– le titre en rose,
– la liste des ingrédients en jaune,
– la photographie des poissons sandwichs en bleu.

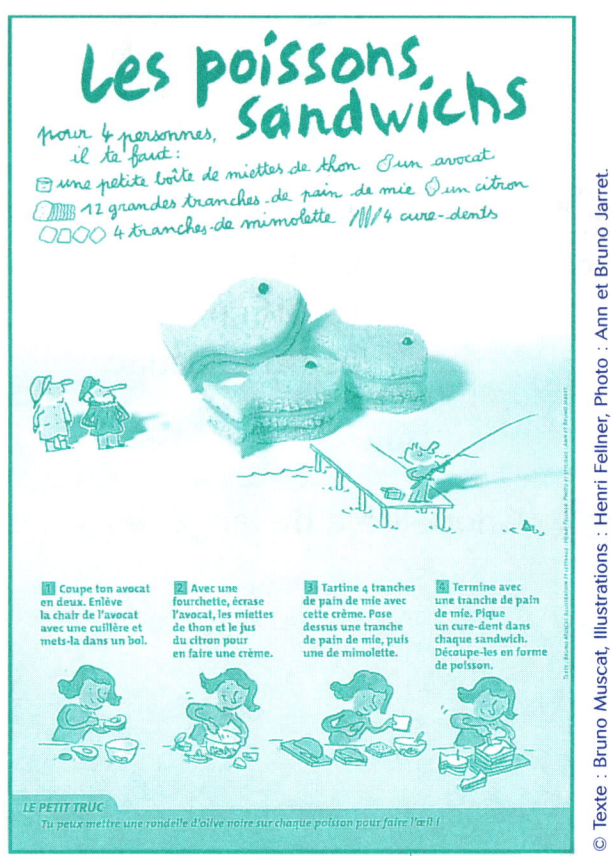

Astrapi n° 417, 1/4/1998, © éd. Bayard Presse.

2. Quel est ce type de document ?

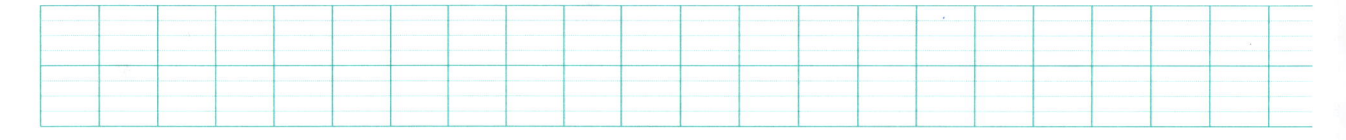

3. Pour combien de personnes est la recette ?

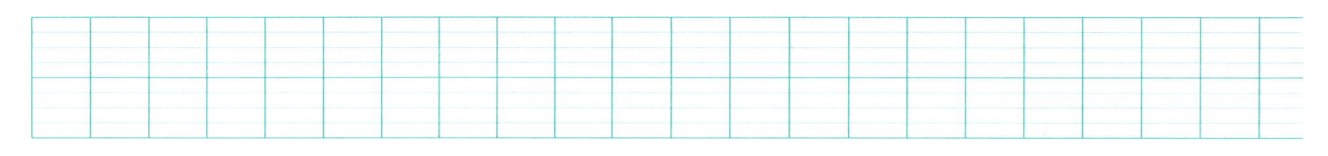

4. Pour faire des poissons sandwichs, quels sont les ingrédients qu'il faut ?

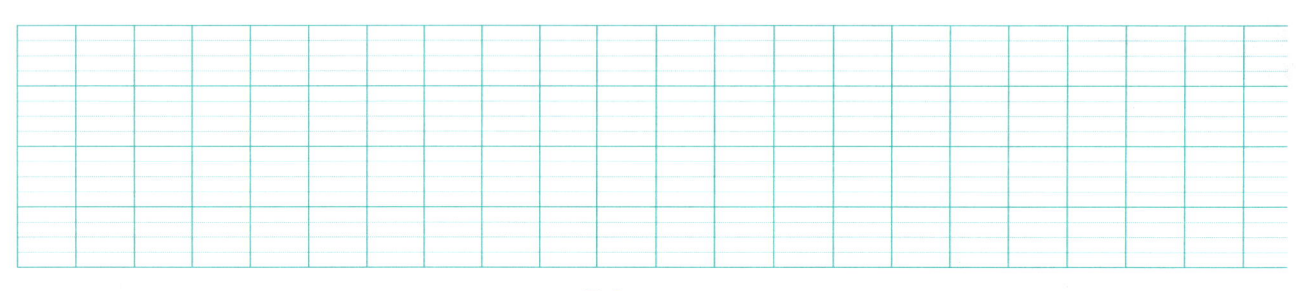

Le Petit Quotidien

Voir manuel page 114.

1 Entoure :
- le titre du journal,
- la date de parution,
- l'âge des lecteurs.

2 Ce journal est destiné à des enfants de quel âge ?

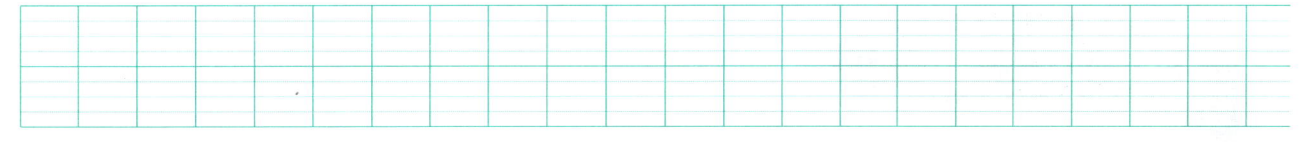

3 Quel jour est-il sorti ?

4 Écris ce qu'on a retrouvé au fond de l'eau.

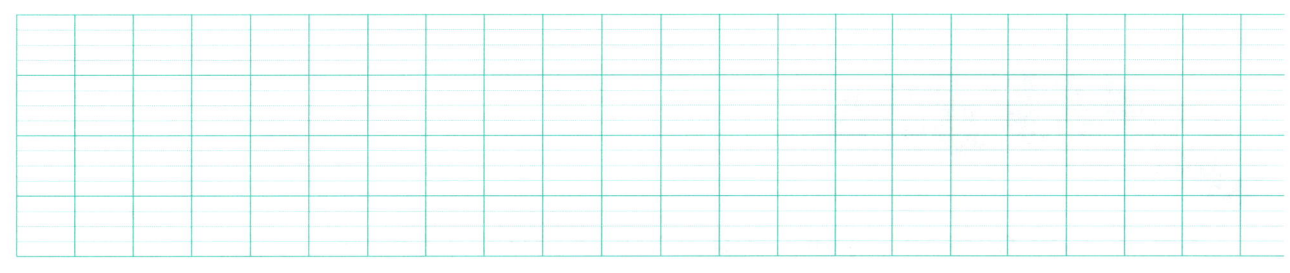

PROJET

Écris un message

Observe

> Accoster baie des pirates, nager vers la falaise, monter par la liane au boa, aller à l'arbre aux vautours, se diriger jusqu'à la cascade de la tortue, se rendre dans la grotte tête de mort, emporter le trésor.

Lieux sur la carte : Grotte tête de mort, Cascade de la tortue, Baie des tempêtes, Pont aux araignées, Volcan de la sorcière, L'arbre aux vautours, Mare aux crocodiles, Bois des fantômes, Baie des pirates, Liane au boa, Le rocher noir.

Réfléchis

À quoi sert le document ?
À qui s'adresse-t-il ?
Comment est construit le texte ?

Sur la carte, par quel endroit doit-on passer ?
Retrouve les renseignements dans le texte.
Quels autres renseignements te donne le texte ?
Souligne-les.

Notre projet

- Écrire un message pour retrouver un trésor caché.

D'ÉCRITURE

Voir manuel page 95.

La boîte à idées

accoster, faire, chercher, s'approcher, se rendre, ouvrir, récupérer, monter, aller, arriver, passer, courir, s'éloigner, emporter, jusqu'à, vers, dans, sur, sous, à, par.

- **Tu peux utiliser la boîte à idées et la compléter.**
  Trouve une cachette pour le trésor.

Écris ton message.

Dessine ton trésor.

- **Lis ton message à un ami. A-t-il bien compris ?**

Révisions • jeux

1 En quoi Grindelire va-t-il se déguiser ?

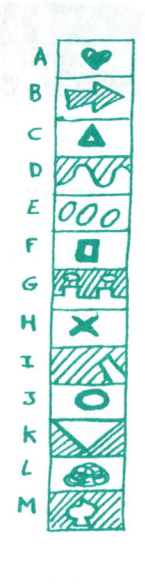

2 Trouve les réponses des rébus et tu auras le nom de villes célèbres pour leur carnaval.

Nice, Rio et Venise

3 Pour trouver le chemin, colorie les lettres dans l'ordre de la phrase :
LE CARNAVAL DE RIO EST LE PLUS GRAND DU MONDE.

N	K	I	Z	N	E	P	R	G	K
S	D	L	U	S	M	N	D	D	E
Z	H	P	F	G	R	A	Q	U	C
H	E	J	M	L	E	G	L	Y	O	S	M	O
B	R	S	I	T	L	A	X	U	T	A	B	N
W	T	O	E	S	B	C	L	A	C	U	F	D
Y	Q	I	Y	U	X	D	C	J	T	D	L	E
A	U	R	E	H	U	V	F	X	E	Y	G	W
G	V	W	D	G	D	W	K	O	W	X	N	B
C	T	J	L	K	F	E	J	A	D	U	E	X
Y	O	M	A	V	I	H	O	W	D	X	F	A
S	C	I	O	A	J	Z	T	S	P	C	Z	Q
D	A	U	P	N	V	R	Q	E	H	Y	L	U
L	E	C	A	R	P	Y	I	R	N	T	P	E
A	B	V	Q	J	S	K	Z	W	V	O	M	A

78

Exercice 5 page 17

| Trois petits escargots sont ses nouveaux amis. | Le lièvre s'est enfui. | Le lièvre et la tortue sont de très bons amis. | Hélas, le chien revient. |

Exercice 5 page 15

Je veux une maison.

Comme elle te va bien !

Exercice 5 page 12

Je veux une maison.

Comme elle est jolie !

Exercice 5 page 11

| le lièvre | sur son dos | connaît | emporte | la tortue | sa maison | . |

Exercice 5 page 10

| moi aussi | allons, je veux une maison | j'ai un dos | , |
| « | » | dit le lièvre | je veux une maison | . |

Exercice 5 page 9

| le lièvre | la tortue | sur son dos | emporte | . |

Exercice 5 page 8

| le lièvre | la tortue | de très bons amis | sont | . | et |

79

Exercice 5 page 11

| . | | Sa maison | | La tortue | | Emporte | | Connaît | | Sur son dos | | Le lièvre |

Exercice 5 page 10

| , | | J'ai un dos | | Allons, je veux une maison | | Moi aussi |

| . | | Je veux une maison | | Dit le lièvre | | » | | « |

Exercice 5 page 9

| . | | Emporte | | Sur son dos | | La tortue | | Le lièvre |

Exercice 5 page 8

| Et | | . | | Sont | | De très bons amis | | La tortue | | Le lièvre |